鹿児島県の歴史入門

麓 純雄
Fumoto Sumio

南方新社

はじめに

小学校の歴史教育を語る時、よく言われるのが〝薄墨〟論である。

小学校の歴史教育（日本史）は主に6年生の1、2学期に行われるが、基本的には通史である。中学校の歴史分野の学習や高等学校の日本史も通史であり、児童・生徒の発達段階や授業時数等を比較して、高等学校→中学校→小学校と下がるにつれて、その学習内容は自ずと薄くならざるを得ない、というものである。

また、教科書の記述内容も、もちろん中学校・高等学校に比べれば安易になっているが、資料集の活用もあり意外に詳しい。そのため、教科書の内容を確実に教えようとすれば、教師の「講義」型にならざるを得ない面もある。小学校では、子どもたちの関心・意欲を高め、調べ学習やまとめ学習等の主体的な学習活動が必要とされるが、学習内容の多さや授業時数の関係から、一般的には難しい面（もちろん先生方は授業改善に日々努力されている）がある。

前述のことをふまえて、小学校の歴史教育で重視されるのが、人物中心の学習である。時代の中心的な人物を取り上げ、その人物の業績等を調べることで、時代の特徴を把握しようとするものである。中学校・高等学校とは違う、小学校ならではの歴史教育を展開できるというものである。

このような点は、本書にも言えることである。「入門」ということで、鹿児島県の歴史を「わかりやすく」まとめるだけでは、すでに出版されている概説書・通史書を「薄く」、表面的に取り上げただけにすぎない。

そこには、何らかの視点なり、その視点をふまえた記述内容・方法が必要である。

そこで、本書では鹿児島県の歴史を「わかりやすく」理解することを基本とし、視点として「日本史の中の鹿児島県」とする。その方法として、高等学校の日本史教科書を分析し、その内容を本書の記述内容にも活かしていく。具体的には、教科書における鹿児島県関係の記述内容や鹿児島県出身者（歴史上の人物）の取り上げ状況を参考にし、テーマごとに本書を記述していく。小学校の歴史教育ではないが、教科書に記述された人物も焦点化していく。

もちろん、筆者個人の力量では鹿児島県全体の歴史を、通史的にまた全県的に確実に網羅してまとめあげることは、残念ながら無理であり、時代や地域に偏りがあることは免れず、時代やテーマによっては概説書を「薄く」まとめざるを得なかった面があることは御容赦いただきたい。

写真・資料等については、次のように分類している。

・【　】……『鹿児島縣史』や各市町村史誌等、公的な出版物に掲載または施設で展示されている資料を筆者が複写したもの

・括弧がついていないもの……筆者が撮影したもの

県立図書館の郷土資料コーナーでも資料を収集したりまとめたりしたが、そのコーナーには拙著の『鹿児島市の歴史入門』『谷山の歴史入門』も置いてくれてあり、両書が貸し出されているのをみると、「それなりに役立っているのかな」と思う。

本書が、鹿児島県の歴史「入門」書として参考になり、本書がきっかけとなって歴史に関心を深め、さらに専門的な概説書や研究書にすすむことになれば、大変ありがたいことだと思う。

令和2年8月

麓　純雄

鹿児島県の歴史入門——目次

装丁　オーガニックデザイン

鹿児島県の歴史入門

1　高校日本史教科書における鹿児島関連記述

これから「鹿児島の歴史」について述べますが、まず高校日本史教科書（『詳説　日本史B』２０１２年文部科学省検定済　山川出版社　以下「教科書」と略す）では、鹿児島県関係・出身人物等はどのように記述されているか一覧表にします。日本史の中で鹿児島県関係事案がどのような位置付けなのか、重要な歴史事象は何なのかを知ることができるからです。

なお、教科書本文の記述は網掛け文字、その中でも重要語句は**ゴシック体**（鹿児島関係のみ）になっています。その他は地図資料や説明文等です。また、〔　〕内は、筆者の補足です。

頁	記述内容
15	弥生文化は北海道や南西諸島にはおよばず、……南西諸島では「貝塚文化」と呼ばれる食料採取文化が続いた。

16	弥生時代の水稲農耕の技術が朝鮮半島南部から伝えられたことは、それと共存する各種の遺物が共通することからも確実といえる。……かつては南西諸島を経由したとする説などもあった。
44	【地図資料】8世紀中頃の東アジアと日唐交通路〔地図に〕多褹島・掖玖島・奄美島〔説明文に〕遣唐使の航路は、初め北路をとったが、新羅との関係が悪化した8世紀には危険な南路をとった。〔この南路には南島路も含まれている。〕
49	南九州の**隼人**と呼ばれた人びとの地域には、抵抗を制圧して8世紀初めに薩摩国ついで大隅国がおかれ、種子島・屋久島も行政区画化されるなど南西諸島の島々も政府に赤木などの産物を貢進する関係に入った。
71	11世紀に成立した『新猿楽記』には、「商人の主領」として描かれた人物が、東は「俘囚の地（奥州）」から西は「貴賀《きかい》の島（九州の南）」にわたって活動し、唐物や日本の多くの品々を取り扱ったと記されている。
75	〔螺鈿の説明で〕材料の貝には奄美大島や喜界島などの南島でとれる夜光貝や芋貝が用いられた。
124	【地図資料】守護大名の分布と戦乱〔地図に〕島津
124	九州では、後醍醐天皇の皇子征西大将軍懐良親王をいただく菊池氏を中心とした南朝側の勢力が強く、動乱が長く続いた。

127	【地図資料】15世紀頃の東アジア〔地図に〕坊津　種子島
146	薩摩の島津氏も桂庵玄樹をまねいて儒学の講義を聞き……〔説明文に〕玄樹は薩摩で朱熹の『大学章句』を刊行するなど活躍し、のちの薩南学派のもとを開いた。
148	【地図資料】戦国大名の勢力範囲とおもな分国法・家訓（16世紀半ば頃）〔地図に〕島津貴久
149	九州では、薩摩を中心に九州南部を広く支配していた島津氏と、……
151	〔戦国期の城下町・港町として〕島津氏の鹿児島　坊津
157	1543（天文12）年にポルトガル人を乗せた中国人倭寇の船が、九州南方の**種子島**に漂着した。これが日本にきた最初のヨーロッパ人である。島主の種子島時堯は、彼らのもっていた鉄砲を買い求め、家臣にその使用法と製造法を学ばせた。〔説明文に〕1542（天文11）年とする説もある。
158	1549（天文18）年、日本布教を志したイエズス会（耶蘇会）の宣教師**フランシスコ＝ザビエル**が鹿児島に到着し、……大名の保護を受けて布教を開始した。
161	〔秀吉は領国確定の裁定を自分に任せることを強制したが、〕これに違反したことを理由に、1587（天正15）年には九州の島津義久を征討して降伏させ、……
161	【地図資料】信長・秀吉の事績〔地図に〕九州平定1587
172	【地図資料】大名の配置（1664年頃）〔地図に〕島津光久73〔73万石の意〕

178	朱印船を出した大名には、島津家久らがおり……
179	〔鎖国で〕オランダ商館・中国の民間商船や朝鮮国・琉球王国・アイヌ民族以外との交渉を閉ざすことになった。
181	琉球王国は、１６０９（慶長14）年、薩摩の島津家久の軍に征服され、薩摩藩の支配下に入った。薩摩藩は、琉球にも検地・刀狩をおこなって兵農分離を推し進めて農村支配を確立したうえ、通商交易権も掌握した。さらに、琉球王国の尚氏を石高８万９０００石余りの王位につかせ、独立した王国として中国との朝貢貿易を継続させた。〔説明文に〕薩摩藩は琉球産の黒砂糖を上納させたほか、琉球王国と明（のちに清）との朝貢貿易によって得た中国の産物も送らせた。
183	幕府は四つの窓口（長崎・対馬・薩摩・松前）を通して異国・異民族との交流をもった。
183	【地図資料】日本からみた外交秩序〔地図に〕薩摩藩（島津氏）
185	〔朝鮮人陶工の陶磁器生産の１つとして〕薩摩焼（島津氏）
204	〔風土に適した特産物の１つとして〕薩摩（琉球）の黒砂糖
204	〔おもな特産物の織物の中に〕麻……薩摩上布《じょうふ》〔実は琉球の宮古や八重山の布〕
205	鰹漁図〔説明文として〕薩摩・土佐・伊豆では、鰹節が全国向けの特産品となった。
207	【地図資料】江戸時代の交通〔地図に〕鹿児島、山川、琉球使節

225	236	240	242	243
イタリア人宣教師シドッチは、1708（宝永5）年にキリスト教布教のため屋久島に潜入して捕えられ、……5年後に死んだ。	【地図資料】列強の接近関係図〔地図に〕鹿児島、山川、宝島　⑥英船員薩摩宝島に上陸1824　⑦モリソン号事件（米）1837〔但し、モリソン号事件について、浦賀接近のことは本文（238ページ）で説明があるが、山川接近についての記述はない。〕	〔人口減少の地域に対し〕逆に生産力の高まった周防や薩摩では、人口が約60％も増加する地域もあった。	鹿児島（薩摩）藩では下級武士から登用された**調所広郷**が1827（文政10）年から改革に着手し、三都の商人からのばく大な借財を事実上棚上げにし、また奄美三島（大島・徳之島・喜界島）特産の黒砂糖の専売を強化し、琉球王国との貿易を増やすなどして、藩財政を立て直した。さらに**島津斉彬**は鹿児島に**反射炉**を築造し、造船所やガラス製造所を建設した。この間、長崎の外国人商人グラヴァーらから洋式武器を購入して、軍事力の強化もはかった。〔説明文に〕幕府は長崎を窓口にして、清国との俵物貿易を独占していた。これに対し薩摩藩は、松前から俵物を積み出して長崎に向かう途中の船から俵物を買い上げ、これを琉球王国を通して清国に売る密貿易をおこなって利益を上げた。そこにも、幕府支配のゆるみがみられた。	〔改革に成功した薩長土肥などの大藩等は〕社会の変化に即応した新しい動きをとることで、西

243	国の雄藩として幕末の政局に強い発言力をもって登場するようになる。
252	〔幕府の人材登用として〕薩摩藩主島津斉彬……らの協力を得た。
254	〔攘夷運動として〕１８６０（万延元）年、ハリスの通訳であったオランダ人ヒュースケンが江戸で薩摩藩の浪士〔伊牟田尚平といわれている〕に殺され、……１８６２（文久２）年には、神奈川宿に近い生麦で、江戸から帰る途中の島津久光の行列を横切ったイギリス人が殺傷され（**生麦事件**）、……生麦事件はのちに薩英戦争をまねく原因となった。
254	〔将軍継嗣問題で〕薩摩藩主島津斉彬らは、〔一橋慶喜を推し、南紀派と対立した。〕
255	朝廷と幕府の双方につながりの深い外様の薩摩藩では、独自の公武合体の立場から、藩主島津忠義の父である島津久光が１８６２（文久２）年、勅使を奉じて江戸にくだり、幕政改革を要求した。幕府は薩摩藩の意向を入れて、……幕政を改めた。
255 ～ 256	島津久光が去った京都では、……〔尊攘派が強くなり、それに対して〕薩摩・会津の両藩は１８６３（文久３）年８月18日……〔長州や急進派公家を〕京都から追放した（八月十八日の政変）。長州藩は、……〔翌年、京都に攻めのぼったが〕会津・桑名・薩摩などの諸藩の兵に敗れて退いた（禁門の変、または蛤御門の変）。
256	薩摩藩は１８６３年に、生麦事件の報復のため鹿児島湾に侵入してきたイギリス軍艦の砲火を浴びており（**薩英戦争**）、攘夷の不可能なことは明らかになった。

257	257	258 ～ 259	260	262	263
薩摩藩は、薩英戦争の経験からかえってイギリスに接近する開明政策に転じ、**西郷隆盛・大久保利通**ら下級武士の革新派が藩政を掌握した。	〔第2次長州征討に対し〕すでに開国進取に転じていた薩摩藩は、ひそかに長州藩を支持する態度をとった。1866（慶応2）年には、土佐藩出身の坂本龍馬・中岡慎太郎らの仲介で薩摩藩は長州藩と軍事同盟の密約を結び（**薩長連合**、または**薩長同盟**）、反幕府の態度を固めた。	1867（慶応3）年、前年に同盟を結んだ薩長両藩は、ついに武力倒幕を決意した。……10月14日、薩長両藩が倒幕の密勅を手にいれていた。……12月9日、薩摩藩などの武力を背景に朝廷でクーデターを決行し、王政復古の大号令を発して……。〔新政府は〕薩摩藩やその他有力諸藩を代表する藩士を入れた雄藩連合の形をとった。〔説明文に〕薩摩藩からは西郷隆盛・大久保利通	幕府のほか薩摩・長州などの諸藩も海外に留学生を派遣した。〔説明文に〕森有礼らは薩摩藩からイギリスに留学した。	1869（明治2）年1月、木戸孝允・大久保利通らが画策して、薩摩・長州・土佐・肥前の4藩主に朝廷への版籍奉還を出願させ……1871（明治4）年、まず薩摩・長州・土佐の3藩から御親兵をつのって軍事力を固めたうえで、7月、一挙に廃藩置県を断行した。	薩長を中心に土肥を加えた4藩出身の若き実力者たちが……実権を握り、のちに藩閥政府と呼

263	ばれる政権下の基礎がほぼ固まった。 〔説明文に〕 薩摩藩からは西郷隆盛・大久保利通・黒田清隆
263	西郷隆盛を中心とする留守政府は、〔明治4年の岩倉使節団派遣〕以後1873（明治6）年まで、学制・徴兵令の実施や地租改正などの大規模な内政改革を精力的に推進した。 〔他に四民平等、壬申戸籍、学制、太陽暦の採用等〕
271	森有礼・福沢諭吉……らの洋学者が、1873（明治6）年に**明六社**を組織して、翌年から『明六雑誌』を発行し、演説会を開いて封建思想の排除と近代思想の普及につとめた。
272	〔岩倉使節団のメンバーとして〕 大久保利通
272	1876（明治9）年から外務卿の寺島宗則が、アメリカと交渉して関税自主権回復の交渉にほぼ成功したが、イギリス・ドイツなどの反対で無効となった。
273	留守政府首脳の西郷隆盛・板垣退助らは征韓論をとなえたが、帰国した大久保利通らの強い反対にあって挫折した。 〔説明文に〕 留守政府は、西郷隆盛を派遣して開国をせまり、朝鮮政府が拒否した場合には武力行使も辞さないという強硬策をいったんは決定した。……帰国した大久保利通・木戸孝允らは内治の整備が優先であるとして反対し、……大久保らの勝利に帰し、西郷ら征韓派は下野した。
274	征韓論が否決されると西郷隆盛……らの征韓派参議はいっせいに辞職し（**明治六年の政変**）……

247	〔説明文に〕この政変ののちに政府を指導したのは、内務卿に就任した大久保利通であった。
275～276	1877（明治10）年には、下野・帰郷していた西郷隆盛を首領として、私学校生らの鹿児島士族を中心とした最大規模の士族反乱が発生した。九州各地の不平士族がこれに呼応したが、政府は約半年を費やしてすべて鎮圧した（**西南戦争**）。
276	1875（明治8）年初めに、大久保利通と、……木戸孝允、それに板垣退助の三者が大阪で会談し、木戸の主張を入れて漸進的な国会開設方針が決定した（大阪会議）。
277	〔開拓使官有物払下げ事件について〕旧薩摩藩出身の開拓長官黒田清隆は、同藩出身の政商五代友厚らが関係する関西貿易社に不当に安い価格で払い下げようとして問題化した。
279	翌年〔1881年のこと〕、**松方正義**が大蔵卿に就任すると、増税によって歳入の増加をはかる一方、軍事費以外の歳出を徹底的に緊縮した。そして、歳入の余剰で不換紙幣を処分するデフレ政策をとりながら正貨の蓄積を進め、1882（明治15）年、中央銀行として日本銀行を設立した。……〔1886年には〕銀本位制の貨幣制度が整うことになった。しかし、厳しい緊縮・デフレ政策のため……深刻な不況は全国におよんだ。……自作農が土地を手放して小作農に転落した。……農村の窮迫は、民権運動にも大きな影響を与えた。
281	山形市街図〔説明文に〕山形県令となった三島通庸は、県庁・学校・警察など洋風建築の官庁街をつくって開化を形で示した。

281	〔1882年の〕福島事件は県令三島通庸が不況下の農民に労役を課して県道をつくろうとしたことに対して農民が抵抗した事件で、……三島はこの事件を口実に河野広中らの自由党員を大量検挙したので、自由党の激化事件の最初として知られる。
286	〔1890年の初の衆議院議員選挙への対策として〕政府側では、すでに憲法発布直後に黒田清隆首相が、政府の政策は政党の意向によって左右されてはならないという超然主義の立場を声明していた。……第二議会では第1次松方正義内閣が民党と衝突して、衆議院を解散した。……激しい選挙干渉をおこなって……〔しかし、優勢にはならず〕第三議会終了後に退陣した。
288	〔1891年の大津事件で〕ロシアとの関係悪化を苦慮した日本政府（第1次松方内閣）は……死刑にするよう裁判所に圧力をかけたが、……〔裁判所は〕適法の無期徒刑に処させ、司法権の独立を守った。
291	〔三国干渉で〕遼東半島を返還した日本政府は、新たに領有した台湾の統治に力を注ぎ、1895（明治28）年、海軍軍令部長の樺山資紀を台湾総督に任命し、島民の頑強な抵抗を武力で鎮圧した。
292	1896（明治29）年……第2次松方正義内閣も、進歩党と提携して大隈重信を外相として入閣させ、軍備を拡張した。
305	1880年代の松方財政でのデフレ政策によって上昇し始めていた小作地率は、1890年代

305	310	315～316	315	316	319
にも上昇し続け……、大地主が耕作から離れて小作料の収入に依存する寄生地主となる動きが進んだ（寄生地主制）。	1886（明治19）年に**森有礼**文部大臣のもとでいわゆる学校令が公布され、小学校・中学校・師範学校・帝国大学などからなる学校体系が整備された。	西洋画は、……フランスで学んだ黒田清輝の帰国によって、しだいにさかんになった。……黒田らは白馬会を創立して画壇の主流を形成した。	〔黒田清輝の**読書**と**湖畔**が写真・説明文とも掲載。「海の幸」も「黒田清輝らの指導を受けた青木繁」〕 **読書**　黒田は、17歳で法律学を学ぶためフランスに渡り、2年後に絵画を学ぶことを決意、10年近く滞在した。この作品は、フランスでの入選作である。 **湖畔**　黒田は、東京美術学校に西洋画科が設けられると、そこで指導に当たった。翌年の白馬会展に出品したこの作品は、日本における西洋画のあり方を示そうとする意欲を感じさせる。	「おもな建築・美術作品」【絵画】湖畔・読書（黒田清輝）、天平の面影（藤島武二）、渡頭の夕暮（和田英作）	桂のあとは、薩摩出身の海軍大将山本権兵衛が立憲政友会を与党として内閣を組織した。山本

319	326	331	332	337	338
内閣は行政整理をおこなうとともに、文官任用令を改正して政党員にも高級官僚への道を開き、また軍部大臣現役武官制を改めて予備・後備役の大・中将にまで資格を広げるなど、官僚・軍部に対する政党の影響力の拡大につとめた。しかし、1914（大正3）年、外国製の軍艦や兵器の輸入をめぐる海軍高官の汚職事件（ジーメンス事件）の発覚により、都市民衆の抗議行動がふたたび高まり、やむなく退陣した。 〔説明文に〕現役の大・中将しか軍部大臣になれなかった規定を改めたのは、内閣に対する軍の影響力行使を制限しようとしたからである。実際の就任例はなかった。	〔1919年に〕パリで講和会議が開かれ、日本も五大連合国の一員として西園寺公望・牧野伸顕らを全権として送った。	1923（大正12）年に成立した第2次山本権兵衛内閣も〔男性普通選挙制〕導入の方針を固めていたが、関東大震災と、その後の虎の門事件による総辞職で立ち消えになった。	1924（大正13）年、松方正義と西園寺公望の二人の元老は、政党と距離をおく人物を選ぶため、枢密院議長であった清浦奎吾を首相に推した。	都会的感覚と西欧的教養を身につけた有島武郎……らの白樺派　「おもな文学作品（　）内は刊行年（1900年代）」として、有島武郎……カインの末裔（17）、或る女（19）	第1次西園寺内閣の文部大臣になった牧野伸顕（大久保利通の子）は、文部省や東京美術学校

338	などの関係者の意見を入れて、日本画・洋画・彫刻の3部門よりなる総合展覧会の開設をはかり、第1回文展を催した。文展はそののちも回を重ね、1919（大正8）年に帝国美術院美術展覧会（帝展）に改組された。
370	朝鮮半島北部・南樺太・千島列島などはソ連軍が、朝鮮半島南部および奄美諸島・琉球諸島を含む南西諸島と小笠原諸島はアメリカ軍が占領し、直接軍政をしいた。
383	〔サンフランシスコ平和条約で〕南西諸島・小笠原諸島はアメリカの施政権下におかれた。
383	【地図資料】サンフランシスコ平和条約の規定による日本の領土 〔地図に〕口ノ島　奄美大島　奄美諸島1953返還
384	南西諸島・小笠原諸島は、アメリカの信託統治が予定されていたが、アメリカはこれを国際連合に提案せずに施政権下においた。奄美諸島は1953（昭和28）年に日本に返還された。

418~425ページの「日本史年表」では、直接的な県関係の記述事項は次のとおりです。

○　713年、大隅国を建てる　○　1543年、鉄砲が伝わる　○　1549年、ザビエル、キリスト教を伝える　○　1609年、島津氏、琉球出兵　○　1708年、宣教師シドッチ、屋久島に着く　○　1862年、生麦事件　○　1863年、薩英戦争　○　1866

年、薩長連合　○１８７３年、征韓論敗れる　○１８７７年、西南戦争　○１８８１年、
松方財政開始　○１９５３年、奄美大島返還

以上のことから、次のようなことに気付きます。

○本稿では、「教科書」の鹿児島県関係の記述事項は約12ページですが、最も多いのが明治維新期（ペリー来航～西南戦争）の約４ページ、明治・大正期が４ページ弱（但し、鹿児島出身者の記述であり、舞台は鹿児島ではありません）、戦国～江戸初期が２ページ弱です。特に明治維新期は約25年の短期間であり、日本史上における鹿児島の重要性がわかります。

○古代・中古期はほぼ南島関係であり、昭和以降も奄美群島返還のみです。

○本文中の重要語句（ゴシック体）は、隼人、種子島、フランシスコ＝ザビエル、調所広郷、島津斉彬、反射炉、薩英戦争、西郷隆盛、大久保利通、薩長連合・薩長同盟、明六社、明治六年の政変、西南戦争、松方正義、森有礼の16です（但し、説明文中の生麦事件を含む）。人物としては、調所広郷、島津斉彬、西郷隆盛、大久保利通、松方正義、森有礼の６人です。

○人物で記述された回数です。記述順で、（　）内数字は、上が本文中、下が説明文等です。

桂庵玄樹（1、0）　種子島時堯（1、0）　ザビエル（1、0）　島津貴久（0、1）
島津義久（1、0）　島津光久（0、1）　島津家久（1、1）　シドッチ（0、1）
調所広郷（1、0）　島津斉彬（2、1）　島津久光（2、1）　島津忠義（1、0）
西郷隆盛（5、4）　大久保利通（3、7）　森有礼（2、1）　黒田清隆（1、2）
寺島宗則（1、0）　五代友厚（0、1）　松方正義（5、1）　三島通庸（0、2）
樺山資紀（1、0）　黒田清輝（2、4）　藤島武二（0、1）　和田英作（0、1）
山本権兵衛（3、0）　牧野伸顕（1、1）　有島武郎（1、1）

西郷・大久保・松方の3人が多いです。西郷・大久保は維新の三傑であり、松方は首相2回、蔵相は通算10年に及ぶ元老です。全部で27人ですが、本文記述は20人（鹿児島出身者は17人。但し、有島を含めない）です。明治・大正期は、政治家とともに文学者・画家等も登場します。

2　古代遺跡と古墳

約1万3000年前頃に気候が温暖化し、現在に近い自然環境になります。植物では亜寒帯性の針葉樹林から、東日本ではブナやナラ等の落葉広葉樹林、西日本ではシイ等の照葉樹林です。人々の生活も変わり始め、以前を旧石器時代、以後（縄文時代以降）を新石器時代といいます。

旧石器時代について。約2万9000年前に鹿児島湾奥部で巨大な噴火がおこり、場所によっては厚さ200mにも及ぶシラス台地が形成されました。そのため、噴火以前の旧石器時代の様子は、特に鹿児島本土においてははっきりしない面が多いです。

熊毛の立切遺跡（中種子町）では、3万5000年以前の火山灰層の下から、たき火や料理跡の焼け土、木の実の貯蔵穴と思われる土坑などが、また大津保畑遺跡（同町）でも同時期の落とし穴が確認されました。これらはキャンプ跡と考えられており、南九州での植物質食料の利用がわかりました。

奄美では、約2万5000年前の土盛喜子川遺跡（奄美市笠利町）から数十点の石器が出土し、赤木名グスク（同町）のマージ層から約2万年前のチャート（ナイフ状の硬い石）が発見され、南西諸島でも旧石器文化の存在が確認されています。

上場遺跡（出水市）では、旧石器時代から縄文時代までの6地層と地層ごとの6文化層が発見され、下2層は前述のシラス台地の下からで、握槌状石器やナイフ形石器が出土しました。

旧石器時代から縄文時代の移行期です。仁田尾遺跡（鹿児島市）で細石器文化の落とし穴が20基近く発見されました。穴の底部分には杭（逆茂木《さかもぎ》）の跡があり、逆茂木をもつ落とし穴としては日本最古とされています。前述の立切遺跡では、遺物から九州東南部との交流の可能性があります。水迫遺跡（指宿市）では、約1万7000~1万5000年前の住居や道跡が確認されました。

【土盛喜子川遺跡】

縄文時代について。約1万3000~約2500年前頃まで続きます。縄文時代は出土物の関係から、草創期・早期・前期・中期・後期・晩期の6期に分けられます。

縄文時代草創期（約1万3000年前から3000年ほど）です。栫ノ原遺跡（南さつま市）では多数の隆帯文土器や石器、集石遺構（石蒸し料理に使用）、連穴土坑（肉の燻製を作る）等が出土し、掃除山遺跡（鹿児島市）では、それらに加え南に傾斜する斜面に2軒の竪穴住居が検出されました。定住的傾向が強いものの、まだ完全な定住には至っておらず（遺構が約300㎡の狭い範囲も関係）、夏場の居住地と冬場の居住地を移動するタイプの定住（振り子型定住）の可能性があります。

上野原遺跡（霧島市）では、縄文時代早期の前半（約1万600年前以前）に貝殻で文様をつけた前平式土器が出土し、竪穴住居跡52軒、集石遺構39基、連穴土坑16基、道路2本が確認されました。この頃には通年の定住生活が営まれていたと考えられています。また、同遺跡の約8000年前以前の地層からは、総数約10万点の遺物が出土しました。土器の文様は装飾性にすぐれていて、土製耳飾りもありました。土偶や一括埋葬された石斧等は祭祀にかかわるものとされます。

【掃除山遺跡模型】

【隆帯文土器】

約7300年前には硫黄島付近の鬼界カルデラが大噴火をおこし、本土の南部地域に深刻な打撃を与えたといわれています。縄文前期から貝塚がつくられるようになり、前期では阿多貝塚、中期では出水貝塚、後期では草野貝塚（鹿児島市）等があります。約4000年前の草野貝塚は、46軒の竪穴住居跡が確認された他、収納箱で土器500箱、石器など200箱、貝類は土嚢袋で約2000袋におよぶなど、出土遺物は膨大でした。動物の骨は90％以上がイノシシ・シカで、動物骨を加工した耳飾り・髪飾り等も多数出土しました。また、徳之島の面縄第一貝塚では市来式土器が出土しましたが、この土器は現地で焼いたものとされていて、南九州から南島に移住した可能性も考えられます。

トカラでは、旧石器時代の遺跡は発見されていませんが、宝島の大池遺跡は縄文時代前・中期のもので、多数の竪穴住居跡群の他に、珊瑚の箱式石棺が検出され、オオツトノハ製貝輪3つを装着した40代の女性人骨が出土しました。形質から北九州系の渡来人の可能性が指摘されています。

【上空からの上野原遺跡】

【台付皿型土器（草野貝塚）】

弥生時代について。弥生時代の遺跡は約2500年前頃～3世紀中頃までで、前期・中期・後期に区分されます。水田稲作は縄文時代の終わり頃、朝鮮半島に近い北九州で始められ、南九州では、弥生時代前期から稲作が開始されたと考えられています。但し、南西諸島には弥生文化は及ばず、「貝塚文化」が続きます。

鹿児島大学の構内遺跡からは、弥生時代中期の水田跡や稲の切り株の痕跡、人の足跡らしいものもみつかりました。魚見ヶ原遺跡（鹿児島市）では、約2100年前の竪穴住居跡が4軒みつかりましたが、韓国にある松菊里型住居と似た特徴があります。籾の痕跡のある土器もあり、米作りの導入がうかがえます。

中期です。山ノ口遺跡（錦江町）では、約2000年前の火山灰に覆われた状態の祭祀遺構群が10基ほどみつかりました。王子遺跡（鹿屋市）は、宮崎南部にみられる花弁状間仕切り住居等27軒の竪穴住居の他に多くの建物があり、全部で300軒以上との推計もあります。

後期の松木薗遺跡（南さつま市）は、幅4～5m、深さ3mほどの規模の環濠があったと考えられています。土製の投弾もあり、ムラ同士の争いがおきていた社会状況が予想されます。

【山ノ口遺跡出土品】

万之瀬川河口に近い高橋貝塚からは、加工途中の南島産の貝が出土しました。北九州では南島産の貝の加工品を使用しており、高橋貝塚が中継基地となっていたのです。この交易の統括は北部九州人と考えられます。埋葬施設からも北九州～南九州～南島のつながりがわかります。

奄美大島の宇宿貝塚（奄美市笠利町）からは母子人骨がみつかりました。母親は20代前半、身長145㎝で、ガラス製の首飾りをしており司祭者と考えられます。母親の足の石器を取り除くと新生児の骨がみつかりました。司祭者が地域社会のまとまりをもつ段階を示しています。

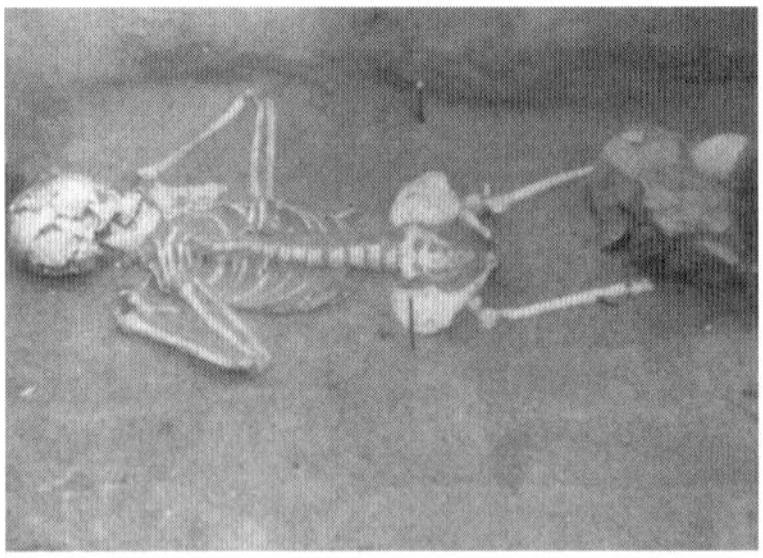

【母子人骨】

種子島の広田遺跡（南種子町）からは、172体の人骨と多数の貝製品が出土しました。文様は中国の青銅器にある文様に似ており、「山」の字のような文様のある貝札もありました。この貝器文化は中国の影響を受けており、従来は弥生時代中期・後期と考えられてきましたが、弥生時代終末～7、8世紀までの可能性もあります。

古墳について。

古代において、薩摩と大隅の最も異なる点は、大隅には大規模な古墳が多くみられることです。

古墳時代の墳墓には、大きく４タイプがあります。①高塚古墳（前方後円墳や円墳など墳丘をもち墳丘の内部に竪穴式石室・横穴式石室などの埋葬施設をもつ）、②地下式板石積石室墓（地面を掘り込んで板石を立て、その上に板石を積み重ねて石室をつくる）、③地下式横穴墓（地面に竪穴を掘り、その底から横に掘り進めて玄室をつくる）、④土壙墓（地面に穴を掘って埋葬する）です。③は南九州特有とされています。

最も大規模なものは①です。大隅半島には４世紀の古墳もありますが、唐仁古墳群（東串良町）には前方後円墳４基と円墳１３３基があり、特に５世紀前半の唐仁一号墳は、全長１５４ｍで九州でも屈指の規模の前方後円墳です。５世紀後半の横瀬古墳（大崎町）は、墳長１４０ｍの前方後円墳で、周濠は二重の可能性があります。③の岡崎四号墳（鹿屋市）は、５世紀後半の円墳で直径20ｍ、甲冑を出土し石棺もみつかっています。このような古墳は志布志湾沿岸部に多く存在します。宮崎に西都原古墳群（わが国最大級　①３１１基、③12基等）がありますが、これら日向の影響を受けるとともに、肝属平野の生産力を背景に、有力な首長の存在があります。築造時期にずれもあり、盟主権の移動があったと考えられます。

【岡崎古墳】

これに対し、薩摩半島側では、主に②~④が川内川流域を中心に多く分布しています。1群で100基を超すものや、成川遺跡（指宿市）では、390体の人骨の他に剣・刀を中心に250点を超す鉄製品が副葬されていました。主な古墳としては、4世紀半ばの鳥越一号墳（阿久根市　①タイプ）があります。主軸長4・5mほどの竪穴式石室は県内最古で、九州でも最大級です。但し、近くの肥後の影響を受けたものであり、代々の有力首長の存在は想定しにくいとされています。また、ともに6世紀ですが、弥次ヶ湯古墳（指宿市　円墳　周濠を含め直径22m）や奥山古墳（南さつま市　直径12・5m）は、従来の分布域を変更させるものとなりました。

このような大規模な古墳もありましたが、庶民の生活面では、弥生土器の系統をひく成川式土器が使われ、住居にかまどが導入されず、貝塚が連綿と営まれました。墓は土壙墓が続き、古墳時代の文化伝統が8世紀以降も保持されました。他地域との差異は大きく、「隼人」と呼ばれ「夷狄《いてき》」に近い存在として認識されていました。

3　古代の南島

南島に関する初見は、日本書紀616年の「掖久《やく》」または「夜句《やく》」で、広く南海諸国を指しています。629年の「掖久」は、屋久島だけでなく種子島も含んでいます。677年は、多禰嶋を南島の代名詞のように表現し、奄美も含まれています。続日本紀699年には、「多褹」「夜久」「菴美」「度感」と出てきます。「度感」は徳之島と考えられ、この頃までに徳之島までの南島の、大和朝廷への服属がなったと考えられます。

「あまみ」の初見は、日本書紀657年の「海見《あまみ》島」です。「奄美」という漢字が使われたのは、続日本紀の714年です。他には「阿摩弥」「阿麻弥」「菴美」「雨見」の記録もあります。1984年には大宰府跡から「椬美嶋」と書かれた木簡も発見されました。江戸時代の後期になって、

【椬美島木簡】

「奄美」という漢字が定着しています。

「とから」の初見は、日本書紀654年の「吐火羅」です。他には「覩貨邏」「都貺羅」「吐佳羅」「度加羅」「土噶喇」「度加喇」の記録もあります。但し、7世紀の「吐火羅」については、現在のトカラ列島ではないとされ、現在でも特定できていませんが、東南アジアのタイのメナム河下流域のドヴァラヴァティ王国との説もあります。

この初見時期を鹿児島と比べます。「鹿児島」の初見は、続日本紀764年の「麑嶋信尓村《かごしまのしにむら》」です。薩摩国や大隅国の成立が8世紀初めです。「かごしま」に比べ、「やく」は150年以上、「あまみ」「とから」は100年以上も早いことになります。

これには「海」が関連します。他地域との行き来は現在は交通機関等の発達により陸上の方が一般的ですが、昔は海上が中心で、その範囲も広いものでした。奄美大島の「小湊フワガネク遺跡群」（フワガネクは外金久《フワガネク》という字名《あざ》）は、7世紀前半のもので、大量のヤコウガイ貝殻が発見されました。貝匙の加工過程は確認されましたが、完成品はごくわずかで、完成品は交易品として島外に運ばれた可能性があります。また、ヤコウガイ大量出土遺跡では、鉄器が確認され、朝貢を可能にする階層化された首長制になっていました。ヤコウガイは世界的にも奄美が北限とされ、貝殻は分厚く真

【小湊フワガネク遺跡】

珠質で、磨くと美しい光沢を発します。7世紀前半には、ヤコウガイは工芸品として日本に運び込まれていたといわれています。南方の珍品が海を通じて大和朝廷へ、ということです。

土器についても、7～11世紀にかけて、九州の影響を受けた兼久式土器が使われています。器種として約9割が甕型土器です。木の葉の上で土器を作ったため、土器の底には木葉根と呼ばれる木の葉の跡がついています。

714年、太遠建治《おおのおけじ》らに率いられた南島の52人が来朝し、翌年の正月に東北の蝦夷とともに参列し、方物を献上しました。隼人にかわって南島人が夷狄に位置付けられました。南島人の来朝記事は727年が最後ですが、交易は継続されていました。前述の「掩美嶋」や「伊藍島」（沖永良部島か与論島）の木簡は、天平年間（729～49）に貢上された品物の荷札です。

遣唐使について。733年の第1船は帰路、多褹島に帰着し、第2船は薩摩で米・酒を補給しており、南島路の可能性があります。752年は、帰路、阿児奈波（沖縄）島に着いた後、多褹島へ出航し、益救《やく》島に着き、吉備真備が乗った第2船は紀伊半島に、鑑真一行が乗っ

【ヤコウガイの加工品】

た第3船は坊津秋目に着きました。「奄美訳語《おさ》」という通訳も乗っていました。

日本書紀には「南島人77人に位を授く、各差《おのおのしな》あり」という記録があります。授ける位に差があるということは、授けられる側にもある程度の身分の違いがあり、社会組織と秩序があったということです。特に、大島北部では九州との関わりが深く、縄文・弥生時代から頻繁に交流が行われました。6世紀頃から日本の影響を強く受け、滑石（白または緑色の鉱物で医薬品などの原料や石鍋として使われた）や鉄などを受け入れ、10世紀頃には狩猟採集生活は終わっていました。

古代の奄美集落について。集落をマキョといい、マキョ共同体時代です。マキョの中心となる家を、ウフヤーまたはフーヤ（大屋・大親）といい、この家の男子（エヘリ）が村のまとめ役、女子の一人（オナリ）が祭祀を司り、エヘリのサポート役です。

この時代の集落構成要素として次の4つがあります。

① 「聖なる林」 ウガン（拝み山）で、オッボ山（天の神がいる所）から神が降りてくると信じられていた神聖な場所

② 「清めの泉」（聖泉） ミドリ、ヤンゴ（屋ん川）

③ 「神ん道」 ①からスタートし、海浜に出て海のかなたのネリヤ（竜宮）に通じる道

④「祭りの庭」神のための浜ウドン（御殿）やミャーという広場、神を招き送る神祭りの場所「山」「泉」「道」「広場」ですが、今でもおがみ山（①）や屋仁川（ヤンゴといいます②）、御殿浜《うどん》（④）等、地名として残っています。

1084年、中国の宋は、5つの商人集団（綱）を通して日本から硫黄50万斤を輸入しています。硫黄が注目されることで、イオウガシマが存在を強め、南島の集合名称ともなります。与路島では、「荘綱」と墨書された白磁も発見され、宋・高麗・日本が東シナ海で活動を活発化させていたことがわかります。

「教科書」にもあるように、奄美に弥生文化は届いていません。奄美に稲作が伝わったのは12世紀ぐらいといわれています。伝わってもすぐに稲作が人々の生活の中心になったわけではありません。奄美において、山のシイの実は、日本の実より大粒で豊かでした。海の食物も多く、農産物は米よりも芋などの根菜類が主食です。米が中心となるのは、薩摩藩支配下で年貢を米とした17世紀からといわれています。

4　隼人と国造制

隼人については、今でも「薩摩隼人」と言ったり、名前につけたりもします。鹿児島市には「催馬楽《せばる》」という地名がありますが、隼人が宮廷警備とともに催馬楽《さいばら》（古代歌曲の神楽）を演奏したためです。隼人は、南に住み俊敏で守護の役割をもつ人々という意味で、７世紀末の天武天皇の頃に本格的に使われるようになったとされています。

日本書紀６７７年に、多禰島人をもてなした時に大隅隼人と阿多隼人（薩摩側）が相撲をとったという記録があります。朝貢により支配範囲の広がりを示すとともに、天武天皇の徳の高さを示す効果がありました。朝貢の形式は、貢物を献上し都に滞在、朝廷の諸儀式に参加し、何年か後に次の集団が来ると帰郷するというものです。

せばる碑

683～85年、政府は国境を確定し、これまでの国造支配単位のクニから、山川等を国境とし国司を派遣する国（令制国）を設定します。西海道では、90年の筑後国が令制国の初見で、その後6カ国ができます。大隅地方は日向国に属し、薩摩地方は肥後国の影響下の出水を除き、日向国の一部でした。

隼人の抵抗・反乱は、大きく4回です。

698年、政府は覓国使《べっこくし》を派遣し、令制国の設置と南島路の開拓を図ります。前者については、薩摩半島の薩末比売《さつまのひめ》や衣評督《えのこおりのかみ》（頴娃郡の前身とする説と薩摩川内市付近とする説あり）である衣君県《えのきみのあがた》、大隅半島の肝衝難波《きもつきのなにわ》らが抵抗し、翌年に処罰されています。「評」は国の下位の行政単位で、大宝律令で「郡」となります。99年には、政府は軍事拠点として、三野（宮崎の西都市付近）・稲積（霧島市付近）城の修築をしています。後者については、7世紀末までに掖玖人（屋久島）・阿麻彌人（奄美大島）・度感人（徳之島か）等が朝貢しました。

701年、大宝律令が完成すると、政府は郡司の選任と戸籍づくりを推進しますが、南九州では隼人の抵抗がありました。翌年には抵抗を抑え、「戸を校し、吏を置」いています。前者は戸籍の作成を、後者は国司と郡司が任命されたことを示しています。薩摩国が成立したのですが、全域で実際に戸籍が作成されたわけではありません。同年、国司は、柵を設置し、守備隊（辺境を守る任務）

を置くことを申請し、認可されています。薩摩国は、出水・高城・薩摩・甑嶋・日置・伊作・阿多・河辺・頴娃・揖宿・給黎《きいれ》・谿山・鹿児島の13郡です。

「薩麻国正税帳」（736年の収支決算報告書）の一部が正倉院に残っています（報告書が10年間保管の後、二次利用として聖武天皇の写経事業に用紙転用され、裁断されたため）。出水郡18行・高城郡80行・薩摩郡13行・阿多郡4行・河辺郡5行の5郡120行です。

薩摩国では、2つの非隼人郡（出水郡と高城郡）と11の隼人郡の13郡があったこと、両者では財政状況にも違いがあったこと、国司巡行は主に非隼人郡であったこと、隼人郡の大部分は律令制度の重要な原則が適用されていなかったこと等がわかります。当初は「薩麻」が正式名称でした。曽県主《そのあがたぬし》・加士伎《かしきの》県主の名があります。

同じように多褹嶋《たねとう》（主に種子島と屋久島）も成立します。「嶋」は国と同等の行政単位です。多褹嶋は、種子島の能満《のま》・熊毛郡と屋久島の馭謨《ごむ》・益救《やく》郡の4郡です。733年、郡司以下1116人に姓が与えられています。824年には大隅国に併合されますが、その際、郡を統合し、熊毛（種子島）・馭謨（屋久島）の2郡です。なお、益救神社は、最南端の式内社（延喜式の神名帳に記載されている神社）です。

712年には、隼人の訴えにより、薩摩・大隅の隼人朝貢を6年ごとに変更しています。

713年には、隼人の抵抗を抑え、日向国4郡を割いて、大隅国が成立しています。肝坏《きもつき》・曽於・大隅・姶羅の4郡です。両国の経営をスムーズにするために、移民政策がとられました。薩摩国府が置かれた高城郡の6郷中4郷の郷名が肥後国の郡名に一致しています。大隅では豊前国から200戸、さらに豊後国大分郡からも行われ、移民を中心に曽於郡を分割して桑原郡設置（国府所在地）です。755年菱刈郡が新設され、824年には多褹嶋の熊毛・馭謨の2郡を加え、8郡です。

このように隼人は一般公民ではなく、「夷人雑類《いじんぞうるい》」に近い位置づけでしたが、遣唐使船が食料の供給も受けており、諸国と変わらない側面もありました。

720年には、隼人と政府との間で最大規模で最後の軍事衝突が起こりました。隼人は、大隅国守陽侯史麻呂《やこのふひとまろ》を殺して1年数カ月にわたって抗戦します。大隅中・北部に勢力のあった曾君《そのきみ》が主戦力と考えられています。政府軍は大伴旅人を大将軍とし、兵1万人以上でした。帰京した征討軍は、「斬首獲虜1400余人」と報告しています。翌年には終結しますが、23年、隼人に通常の2倍以上の624人の朝貢を行わせ、隼人の服属を確認しました。また、薩摩・大隅では班田が実施されていなかったため、30年に実施しようとしますが、混乱を起こすという大宰府の報告があり、断念しています。その代わりが朝貢の義務化です。

なお、766年の段階で、薩隅日の3カ国に柵戸が存在し、隼人に対する軍事制度が維持されていました。740年の藤原広嗣の乱の際には、広嗣軍も政府軍も隼人を動員しており、隼人はかなりの軍事力を持っていたと考えられます。

養老~天平年間(717~49)、薩摩国は13郡25郷60里、大隅国は5郡19郷27里です。平均郷数では、薩摩国の隼人郡は2・2郷、非隼人郡は5・5郷、大隅国(多褹嶋を除く)は5・3郷です。大隅国では桑原郡が8郷で最大で、次が大隅郡の7郷、他は2~5郷です。壱岐・対馬を除いた西海道平均は5・4郷で、薩摩国の隼人郡の小ささが目立ちます。首長層の支配領域が狭いためで、大隅国は大勢力者がおり、西海道の他国とほとんど同じです。

その代表的な豪族が、大隅半島南部に勢力をもっていた大隅直氏です。朝廷は有力地方豪族に君、地方豪族に直という姓を与えますが、直姓は君姓よりも朝廷への従属度が高いといわれ、朝廷との結びつきが強かったといわれます。

律令制下の国嶋は、大・上・中・下の4階級に分類されますが、大隅・薩摩・多褹は、対隼人・南島政策、遣唐使入唐航路維持等の重要性のため、中国とされました。但し、財政規模は下国以下でした。745年には公廨《くがい》出挙《すいこ》本稲《ほんとう》(人件費などをまかなうための出挙の元手)は中国は20万束(刈り取った稲穂を数える単位　1束=10把)、下国は10万束とされましたが、大隅・薩摩は各4万束でした。9世紀初頭でも6万束で、国分寺維持財源の2万束の出挙はそれぞれ日向・肥後国で行われていました。

785年、大宰府管内の、特に日向から薩摩・大隅への浮浪が問題化しました。賦役令辺遠国条《ぶやくりょうへんえんこくじょう》の適用をうけて、隼人の住んでいる薩摩・大隅の農民の税負担が日向より軽かったことが原因です。なお、766年桜島噴火により神造島《しんぞうじま》ができ、788年には曽於郡の曾乃峯（現在の霧島山系のいずれか）に噴火の記録があります。

800年には、薩摩・大隅両国が班田制完全導入（多褹嶋は807年）となります。翌年には大宰府に対し、今後、隼人の上京必要なしの指令が出され、805年に滞在期間が終了した隼人が帰郷して朝貢は終わりました。以後、朝廷の諸儀式には畿内及び近国に移住した隼人の子孫（畿内隼人）が参加し、南九州の人々が隼人と呼ばれることはありません。

畿内隼人は、阿多隼人の阿多君や大隅南部の大隅直の一族の一部です。忌寸《いみき》の姓が、685年に大隅直に、836年には山城国在住の阿多隼人逆足《さかたり》に与えられています。8世紀以後は隼人司（隼人を管理・統制する役所）に属して、宮門警備や竹製品の製作をしました。また朝廷の重要な儀式に参加して、狗吠《くはい》（犬の吠え声）を発しました。吠え声に邪霊を退ける呪力があると信じられたためです。

隼人塚（霧島市隼人町）について。石層塔と四天王石像があり、クマソの死霊を慰めるためとも、720年の戦いの慰霊のためともいわれますが、石塔や石像は平安末期のものと推定されています。

ここで、神話について。いろいろな神話がありますが、代表的なものとして日向（鹿児島も含む）への天孫降臨神話があります。天照大神の孫のホノニニギが日向に降臨し、その曾孫のイワレヒコが東征し、大和地方で神武天皇として即位するというものです。4世紀、近畿に起こった大和朝廷が、なぜ朝廷誕生の神話を日向とする必要があるのでしょうか。

神話は8世紀初頭に作られた古事記・日本書紀に出てきます。8世紀初頭に作られた物語ということになりますが、神話は当時の政治状況を反映したものと考えられます。

例えば、天照大神（祖母）が孫のホノニニギを降臨させるのも、祖母の持統天皇から孫の文武天皇へ、祖母の元明天皇から孫の聖武天皇への皇位継承（共に子は早世）を正当化させるものといわれています。当時、皇位継承は、親─子─孫ではなく、兄─弟の継承が一般的でした。

隼人塚

8世紀初頭といえば、南九州では、隼人が大和朝廷に抵抗し、最後の大規模な反乱をおこした時期（43ページ参照）です。天孫降臨の地は、大和朝廷と隼人の中間の地ともいえます。大和朝廷が隼人を支配下におくための神話とも考えられます。ホノニニギの子である山幸彦（ホヲリノミコト）と海幸彦（ホデリノミコト）の神話についても、山幸彦が大和朝廷につながり、海幸彦の子孫である隼人が天皇の守護人となる理由を説明したものといわれています。

神話で、現在も鹿児島の地名に残るものとして、ホノニニギが向かうカササ（笠沙）、ホノニニギと結婚するアタツヒメ（阿多）、イワレヒコと結婚するアヒラツヒメ（吾平・姶良）等があります。

最後にクマソについて。クマソについては、はっきりしないことが多く、「猛《たけ》き」性質をあらわす「クマ」と「ソ」という地域名という考え（本居宣長「古事記伝」）や、「クマ」は肥後南部の球磨地方で、「ソ」は大隅の「曽於」という考え（津田左右吉）もあります。

景行天皇やその子の日本武尊《やまとたけるのみこと》のクマソ討伐が中心で、クマソという言葉は隼人よりも早く用いられたようですが、天皇の遠隔地への巡幸という歴史的事実や地名などから、7世紀後期の状況を反映しているといわれています。

5　平安時代と島津荘

前述したように800年または807年に班田制が導入されますが、中央では723年に三世一身法（新灌漑施設で未開発地開墾は三世、旧灌漑施設利用は本人一代のみ私有化）、743年に墾田永年私財法（私有を永年保障）が出されており、班田制はあまりできなかった（しなかった）ものと考えられます。「導入した」という政治的意味合いが強いのでしょう。前述したように、律令制下の国は、大・上・中・下国の4階級に分けられますが、薩摩・大隅の財政規模は下国以下です。

10世紀になると、政府は地方政治を国司に委ね納税請負を命じます。国司の権限が強くなりますが、『今昔物語』巻二四に「大隅国の郡司和歌を詠めること」という説話史料があります。趣旨は、大隅守（10世紀後期の桜島忠信といわれている）が、政務不十分（納税を果たせない）の郡司を罰そうとしたところ、老人であり、詠んだ和歌（「老いはてて雪の山をばいただけど霜と見るにぞ身はひえにけり」）の内容を受けて釈放したというものです。この場合は許していますが、国司の郡司に対する支配強化がうかがえ、また郡司の納税請負もほぼ不可能になっていたと考えられます。11世紀中頃には、国─郡─郷の上下関係をやめるなど、国司権限が弱小化し、地方政治の円滑化を図りました。

政府は九州の支配権を大宰府に委任します（大宰府と国司や有力寺社との対立）。大宰府は政所を設置し、大土地所有を展開し、皇室領や摂関家領荘園を支えていきます。このような背景のもとに、11世紀前半に大宰府大監《だいげん》（大宰府の職名は帥《そつ》・大弐・少弐・大監・少監・少展の順）であった平季基が、日向国諸県郡島津の地（都城市）に来て土地を開発し、摂関家に寄進します。これは季基だけではなく、摂関政治の中で大宰府役人が多く日向・薩摩・大隅に進出し、土着しています。以来、在来の隼人系の豪族と大宰府系の豪族が混在し、郡司職等を持っていたといわれています。

これが荘園「島津荘」の始まりです。摂関家寄進については、上役の藤原惟憲が摂関家の家司であり、惟憲の口入《くにゅう》（干渉）がありました。寄進の主な理由は、不輸の権（人や土地に対する税の免除）や不入の権（国の役人の立ち入りを認めない）を得るためです。荘園の税は、年貢と雑税でしたが、年貢は国司に、雑税は荘園領主に納めました。摂関家の保護を背景に荘園の拡大に成功しますが、その背景には、在地の有力者たちが季基に接近し、庇護を受けたことも原因と考えられます。

その後、季基は対立していた大隅国府や藤原良孝らを焼き討ちし、荘域の大隅国内への拡大を図りました。中央では摂関家と同様に藤原実資（右大臣）も力を持っており、良孝・季基とも実資にも進物を贈っています。その中に宋との交易品（唐錦や唐綾）があり、南九州で宋と交易を行っていた可能性があります。季基は「左衛門陣《さえもんのじん》」に左遷ですが、厳罰はなかったとされます。

季基は、平貞盛の弟繁盛系平氏で、鎮西平氏（薩摩・肥後平氏）の祖となります。

11世紀の間は、度々荘園整理令が出されますが、摂関家の保護もあり存続を認められています。この間島津荘は、整理令の関係から一旦荘園化されても再び国衙領に戻った土地の存在も考えられ、それほど大きくなりませんが、12世紀になると、「寄郡《よせごおり》」という土地が増えてきます。「寄郡」は、年貢を二分して国司と荘園領主、雑税は荘園領主ということで、荘園領主の権限が強い領域でした。租税の負担を逃れるためではなく、国司に対抗するため国司以上の権力者である摂関家に保護を求めたのです。寄進したい地方豪族と経済基盤を強めたい摂関家、さらに荘園拡大を容認した国家の動向がありました。

１１９７年の「建久図田帳」では、薩摩国は総田数４０１０町のうち島津一円荘（国に租税を納めない田地で、荘園領主が完全に支配する土地）は６３５町（52ページ記述の平重澄寄進以前は和泉郡の350町のみ)、寄郡1689町の計2324町で、総田数の70%以上です。寄郡の多さは、国衙と島津荘との連携もありました。前述のように、寄郡なら国衙にも年貢の半分が入ってきたためです。同様に大隅国では、3017町のうち750町と715町の計1465町で、全体の50%近くです。日向国を合わせると、一円荘は3415町余、寄郡は4919町余、計8334町余とわが国最大級の膨大な規模になっています。薩摩に比べ、大隅で島津荘の割合が低いのは、大隅正八幡宮(現在の鹿児島神宮)領が1296町余あるためです。大隅一宮《いちのみや》(地域の中で最も社格の高いとされる神社)として大きな勢力をもっていました。島津荘の拡大に対し、大隅国衙が公領を大隅正八幡宮領として寄進し、領域の保護を図ったのです。当時、大隅国御家人33人中19人が宮方(正八幡宮関係)、14人が国方(国衙役人・郡司等)です。なお、全く荘園化していない地域は阿多郡だけです。国内外の重要な交易拠点のため、国衙領として保持しました。

島津荘の「寄郡」が増大する頃は、薩摩のほとんどの郡司職が、薩摩平氏の伊作良道の6子(道房・川辺、有道・多祢、忠永・頴娃、忠景・阿多、忠明・加世田、忠良・鹿児島)とその姻族彼杵《そのぎ》久澄の子孫によって独占されていました。特に一族の阿多忠景が中心的な存在でした。内部抗争がおこり、忠景は阿多郡を大宰府に寄進するとともに、兄道房を討ち、子の道平を豊後に追放しました。忠景は交易の重要拠点を掌握したり源為朝を婿にしたりして、その支配地域は薩摩・大隅に及びましたが、12世紀半ばに反乱を起こし、勅勘により貴海島に逃げ、没落しました。

中央では、平清盛が勢力を持ち、血縁関係から島津荘も実質的に平家の支配下にありました。平氏は対外交易の拠点である島津荘を重視し、重臣の平盛俊を役に補任したり清盛の弟の忠度《ただのり》を薩摩守（遙任＝赴任はしない）にしたりしました。この時目代《もくだい》として実質的に支配したのが、前述した忠景の女婿であった平宣澄（肥前平氏　忠景とは政治的立場が異なり、没落しなかった）です。宣澄の協力者だったのが、鹿児島郡司の平有平です。

大隅国に関しては、平氏は大隅正八幡宮と親密な関係でした。

平氏が滅び、薩摩国では源為朝の子である義実の乱（１１８５〜90年頃）がおこります。この中で平重澄は国衙・荘園側双方の課役を負担できなくなり、寄郡の伊作・日置北郷等を一円荘として島津荘に寄進しています。寄進によって荘官としての下地の支配権を確保しようとしたもので、翌年、許されています。この事案は、寄郡を再寄進することによって、一円荘が形成される荘園形成過程を示し、貴重な例とされています。

鎌倉期になると、荘園が地頭の支配下に入っていく傾向が強くなります。代表例として前述の伊作・日置地区があります。一円荘からさらに地頭領となります。荘園領主側（領家一乗院）と地頭側で現地の土地の相当部分を地頭に分け与え、相互の支配権を認め合う（下地中分）取り決めをしました。幕府も当事者間の相互解決（和与）を進めたため、荘園の支配権は次第に地頭に移りました。これまでにも治安維持のために、反別5升の兵糧米を荘園領主は地頭米として供出していました。

　南北朝争乱期を経て、室町時代、特に応仁の乱以後は荘園領主の権限は全く失われ、島津荘も形骸化しました。

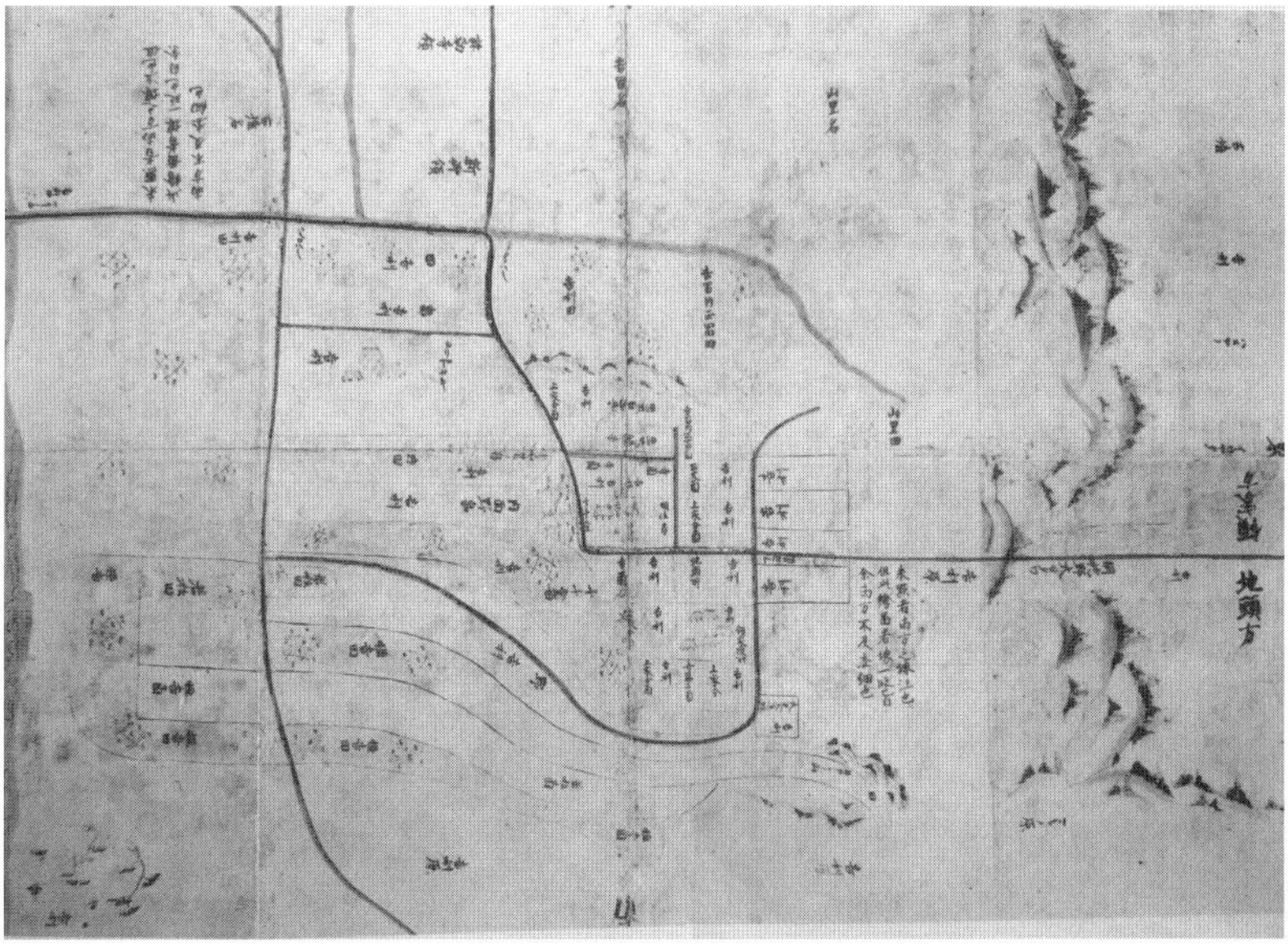

【和与中分図】

6 〝按司世〟〝那覇世〟の奄美・トカラ

奄美の歴史は、時代区分を〝奄美世《あまんゆ》〟（集落共同体時代、8〜9世紀ぐらいまで）、〝按司世《あじゆ》〟（首長割拠時代、15世紀半ばまで）、〝那覇世《なはんゆ》〟（琉球王国統治時代、17世紀初期まで）、〝大和世《やまとゆ》〟（薩摩藩政時代、江戸時代）とすることもあります。

〝按司世〟です。按司は、鉄による生産力の発展や交易の利益等によって勢力を強め、周辺地域を支配した人々です。交易の主要品は赤木、ビロウ、ヤコウガイです。ヤコウガイは清少納言の『枕草子』にも「屋久貝」として記述され、『小右記』（右大臣藤原実資の日記）にも「赤木2切、ビロウ300把、屋久貝50口」が贈られてきたとあります。岩手県平泉の中尊寺にも何千個も使われています。997年には、大宰府が「奄美人が乱入して人や物を奪った」と都に報告しています。一般的な交易も多く、20人前後が乗船する中型船で20〜30艘以上の集団といわれています。12世紀中頃まで、奄美は大宰府を通じて、大和朝廷との関係をもっています。

「キカイガシマ」、奄美大島の赤木名城、徳之島のカムィヤキ陶器窯跡群、喜界島の城久遺跡群について。

この頃は、国の境界地域として、南方を「キカイガシマ」といいました。北方の青森県付近は「ソトガハマ」です。「キカイガシマ」の初見は、998年の「貴駕島《きかのしま》」です。997年、大宰府が南蛮人（奄美島人）による襲撃事件を報告し、翌年、大宰府は南蛮人の捕進を「貴駕島」に命令しています。この「貴駕島」は、大宰府の出先機関の存在や、大宰府役人の滞在が考えられます。後述の城久遺跡群との関連から、キカイガシマが喜界島の可能性は高いです。この時、キカイガシマは日本の内側に位置付けられますが、12世紀初頭には平忠景の逃亡先（52ページ参照）のこともあり、外側（異国）として位置づけられています。

12世紀は屋久島付近、14世紀には奄美群島もキカイガシマに入っているといわれています。島津氏や千竈氏の勢力下です。「キ」の字は当初ヤコウガイ等の貴重品もあったため「貴」ですが、13世紀以降は流刑地でもあり「鬼」へと変わります。

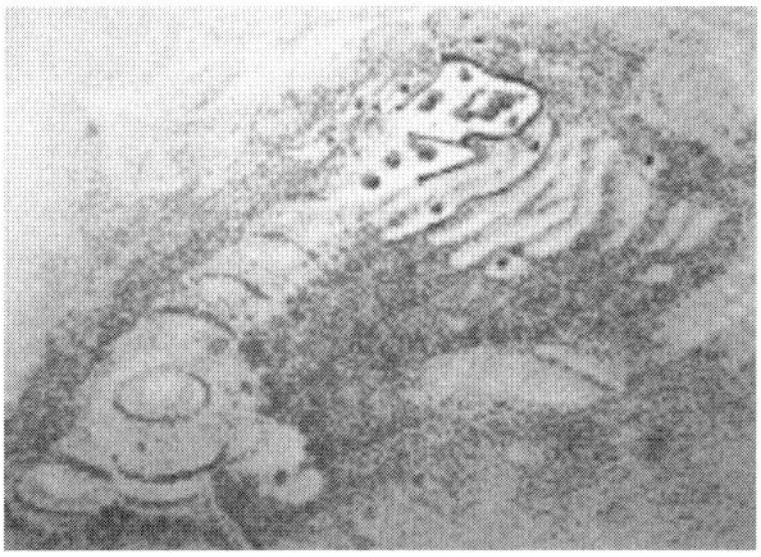

【赤木名城イラスト】

赤木名城は、12〜17世紀の城です。最大幅部分約125m、最長部分約220mです。15世紀頃から日本の影響（島津氏や千竈氏の影響下）を強く受けた堀や郭などが作られ、防御的機能を山全体に兼ね備えた日本の山城の特徴があります。これに対し、琉球で石垣が作られるのは14世紀です。防御的機能を山全体に兼ね備えた城はありません。奄美群島を経由して、琉球に伝わった可能性が高いのです。

徳之島のカムィヤキ陶器窯跡群は、11〜14世紀の遺跡で、100基以上の登り窯が発見されました。朝鮮半島南部の「高麗」の技術が入っていますが、1番の特徴は「商品の大量生産」です。船団を組んで交易し、その範囲は長崎県大村市（竹松遺跡）から沖縄県与那国島までの約350遺跡、距離約1300㎞に及んでいます。わが国の4大広域流通陶器の1つです。

大量生産の始まりによって、奄美では日常生活で使用されていた素焼きの土器文化は終わります。

【城久遺跡群】

【カムィヤキ土器】

カムィヤキとは、土器が発見された村の字名（亀焼《カムィヤキ》）です。

喜界島の城久《ぐすく》遺跡群は、9～15世紀の遺跡です。3期に分かれ、Ⅰ期（9～11世紀前半）、Ⅱ期（11世紀後半～12世紀）、Ⅲ期（13～15世紀）で、最盛期はⅡ期です。総面積約13万㎡、最高標高214mの喜界島で標高90～160mの高台にあり、掘立柱建物跡が約300棟、墓が約40基等発見されました。この建物は、柱穴直径が1mを超える1間×1間の建物跡、柱穴直径が50㎝を超える2間×2間の総柱建物跡、四方に34本の柱穴が巡らされている2間×2間の建物跡のように大規模なものです。

【城久遺跡出土品】

特徴として、Ⅰ期は「大宰府や博多など日本や中国の役所で使われたようなものが多く出土した」「圧倒的に外来のものが多い（島内で焼いた土器などはない）」、Ⅱ期は「鉄製品を製作するための鍛冶炉が多数発見された」「埋葬人骨は焼いており（当時の奄美では珍しい）、奄美人タイプではないものが多い」等です。これらのことから、「地元ではない人間が数百人単位で、高台を占拠していたのではないか」「大宰府の出先機関があったのではないか」等が考えられ、824年の多褹嶋廃止後、大宰府は南島経営の拠点を種子島から喜界島に移したのではないかともいわれています。建物の柱材は喜界島では準備できず、大島から入手していた可能性もあります。

トカラ列島は、平安時代末から明治中期までの長期間、薩摩半島の川邊郡に属しています（234ページ参照）。鎌倉期、薩摩平氏の一族である川邊氏が郡司職を継承し、その後、島津氏や千竈氏が地頭職や郡司職であり、その勢力下にありました。「千竈時家譲状」といわれる文書（1306年、時家が子どもたちに各島の譲与を記したもの）も残されています。長男が「くち五嶋　わさのしま　きかいかしま　大しま」、三男が「七嶋」といった具合です。鎌倉末には、臥蛇《がじゃ》島が「わさのしま」と呼ばれていました。朝鮮音で臥蛇は「わさ」となるのです。

15～16世紀の〝那覇世〟です。

沖縄で統一政権が誕生するのは1429年です。その後、奄美大島に侵攻するのが1440年前後、徳之島以南はそれ以前（琉球三山の山北の勢力下）、最後まで抵抗していた喜界島制圧が66年です。この奄美制圧は、日本への航路確保のための港湾確保と、貿易上の有力な競争相手に成長していた奄美勢力の打倒が主目的でした。この結果、奄美は琉球王国の造船基地・中継基地としての役割は残っても、国外貿易の広い舞台からは閉め出されました。それまでは、自ら造った大型船に50～60人も乗り込んで、九州や琉球等に往来していたのです。

統治の仕組みについて。「間切《まぎり》」という行政区域を設定し、大島7間切、喜界島5間切、徳之島

3間切等に区切ります。後の市町村の基になりますが、1529年には間切役人が任命されました。間切の長官は首里大屋子《しゅりのふうやく》あるいは大親《ふうや》といいます。役人は本拠地から離れた間切あるいは村に任命されました。勢力を強め過ぎさせないためといわれています。16世紀末には奄美大島に「大島在番」職が設定されました。

さらにノロ制度の活用もあります。ノロは、集落の繁栄、農作物の豊作祈願や収穫への感謝の儀式を行う神女として、国王から任命された女性です。国王の妹が最高の神官である「聞得大君《きこえのおおきみ》」の地位につき、琉球全体の神女体系に君臨しました。この考えのもとに、大島では2人の最高ノロがおり、その下に各間切のノロ（大親の姉妹）、さらにその下に1つまたは複数の集落を統括したノロが構成されていました。

トカラについて。「海東諸国紀」（1471年の朝鮮本）記載の地図（下図。『十島村誌』転載）には、トカラの島々が、口島・中島・臥蛇島・小臥蛇島・多伊羅島（平島）・諏訪せん（諏訪之瀬島）・悪石・島子（小宝島）・渡加羅（宝島）と記されています。

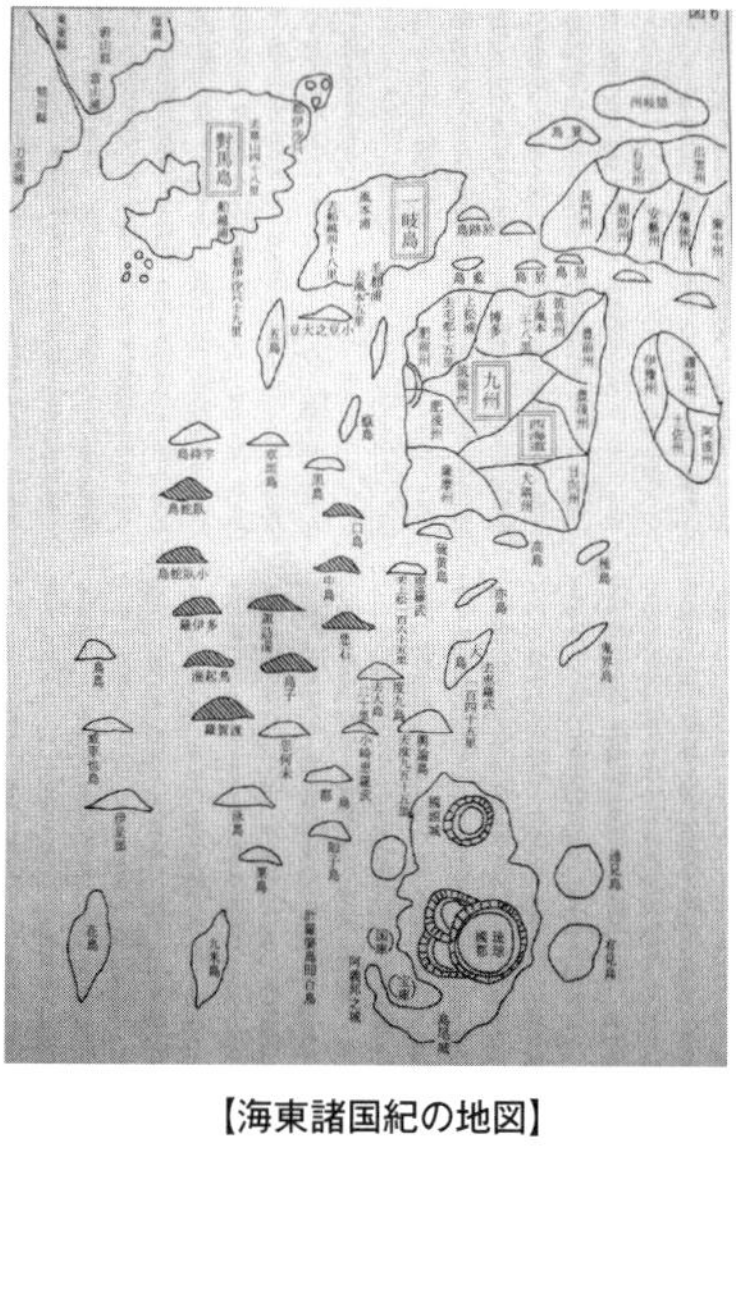

【海東諸国紀の地図】

１４３６年、島津氏は臥蛇島と平島を種子島氏へ与えました。50年には、臥蛇島に朝鮮人４人が漂着し、臥蛇島は薩摩と琉球に両属しているため２人ずつ分けました。鎌倉の頃は千竈氏等の北方勢力下でしたが、この頃は琉球王国の南方勢力の関係もあり、「両属」ととらえられています。１５１３年には臥蛇島から種子島氏に「かつほぶし五れん」が上納されていますが、この記録はわが国における鰹節の初見です。右の絵は、『十島図譜』（明治の県勧業課長　白野夏雲著）からの転載です。

【臥蛇島】

１５７８年、島津氏の三州統一を琉球に知らせたのが七島船という記録があります。トカラは「七島」と呼ばれていました。この頃、中之島の郡司が日向の倭寇東与助等を討ち果たし、島津氏から「鎧、槍、長刀」等を拝領したという言い伝えがあります。秀吉の朝鮮出兵や１６０９年の島津氏の琉球出兵では、七島衆は水先案内をしています。特に琉球出兵では、「七島弐拾四人衆」を中心に２５０人が参加しました。その功績を認められ、二十四人衆1人に付き知行高３００石（実際は30石か）を与えられています。二十四人衆が貿易商人でもあり、領主的存在（海上勢力的性格）だったことがわかります。

7　島津忠久と鎌倉時代

鹿児島の大名・殿様といえば、代々「島津氏」です。島津氏は、鎌倉時代の初代忠久から江戸時代末の29代忠義まで、７００年近くも鹿児島の領主であり続けた全国的にも珍しい一族です（「旧族居付の大名」といいます）。

中央政界で、平清盛の後、勢力を伸ばしたのが源頼朝です。頼朝は、地方を治めるために守護（主に軍事や警察）・地頭（主に年貢の取り立てや犯罪の取り締まり）を置きました。

島津氏と鹿児島との関わりは、１１８５年、惟宗《これむね》忠久（島津家初代忠久）が、島津荘の下司職《げししき》（翌年、地

【伝島津忠久】

頭職と改められた）に任命されたことに始まります。忠久は惣地頭です。惣地頭は得分権収取のみで、実益の多い下地支配を伴うものではありません。忠久は、摂津国住吉の生まれともいわれ、島津荘の領主であった摂関家に仕える役人であり、また、幕府の有力者であった比企能員の縁者（忠久の母が比企氏）であったことから、両者の利害関係が一致したのです。86年薩摩下向の説もありますが、不明です。89年には島津荘の荘官らを率いて奥州征伐にも参加していますが、まだ勢力が弱く命令を徹底できない面もありました。

忠久は、九州各国に守護が任命された97年には、薩摩・大隅の守護になり、翌年、島津姓を名乗ります。実際の政務は、守護代・惣地頭代です。忠久は、山門院《やまとのいん》木牟礼城（出水市野田町）に守護所を設置して、酒匂氏（南北朝中期まで薩摩国守護代。室町期総州家重臣で、その後衰退）や本田氏（6代氏久以降、大隅国守護代等）を入部させます。本田貞親は平姓千葉氏の系統で、山門院郡司は千葉季忠でした。また、貞親の姉妹が畠山重忠の養女として忠久夫人でした。このような関係から貞親を派遣したのです。なお、忠久の役職は薩摩・大隅だけではありません。後には九州以外では、越前国の守護や5つの地頭職に任ぜられています。

また、島津家には「忠久は源頼朝の庶子」という言い伝えがあり、「島津雨」という言葉もあります。忠久創建と伝えられる花尾神社（鹿児島市）は、主神を源頼朝・丹後局（忠久の母）とし、惟宗廣言《ひろのり》は「養父」になっています。16世紀半ばに薩摩・大隅をほぼ制圧した島津氏が、日向国に進出しようとした時、日向南部の領主だった伊東氏も鎌倉以来の名家だったため、日向進出の大義名分を得るためだったともいわれています。

　但し、島津忠久の歩みはその後、必ずしも順調だったわけではありません。１２０３年、後ろ盾となっていた比企能員が滅亡すると、日向を含む３カ国の守護職と島津荘の惣地頭職を解任されてしまいます。その後、薩摩の守護は北条時政、大隅の守護は17年以降は北条義時、島津荘惣地頭職も05年以前は時政の在任が確認されています。忠久は和田合戦等の働きで、13年には薩摩の守護・惣地頭職には復職しますが、大隅・日向は北条氏のままでした。

　これには島津荘の在り方が関係します。日向・大隅の島津荘は比較的一円荘（収取量が多い荘園）が多く、薩摩は少なかったのです（51ページ参照）。薩摩は「寄郡」が多く、国内をまとめる上でも元惣地頭職だった忠久の存在は必要でした。北条氏は比較的利益の多い大隅を自分の方に残したのです。

花尾神社

丹後局墓

このようにして、大隅国守護職と島津荘大隅方惣地頭職は北条氏が継承します。時政・義時以降は、泰時の弟朝時を祖とする名越《なごえ》氏です。複数の守護職を兼務していた名越氏は下向せず、守護代（惣地頭代も）の肥後氏は一族を土着させました。その1系統が後に種子島領主となる種子島氏です。名越氏は国内領主層を守護所構成員として組織化し、大隅国支配を進めました。その後一時、千葉氏が守護ですが、幕末まで北条氏一族が守護であり、守護私領を設定（国衙が持っていた行政権を守護所が吸収）するなど、幕府支配は強いものでした。

なお、承久の乱後、鹿児島郡司は、平忠純から矢上氏（忠純の一族と想定）です。交通の要衝だった薩摩の河辺郡は得宗（執権家）領化しています。また、揖宿郡は地頭島津忠綱（2代忠時の弟）の失政により大隅国守護領です。大隅国守護所が山川湊を外港として利用するためと考えられています。他にも交通の要衝で北条氏領の地域もあり、島津氏が圧迫されていたことがわかります。

1333年に、5代貞久が足利尊氏の要請で、鎮西探題を攻撃しますが、幕府本体の崩壊とともに、島津氏が北条氏から強い圧迫を受けていたこと、鎌倉初期に失った地域や職務の獲得・回復が関係します。建武政権下で貞久は、新たに大隅・日向両国の守護、大隅方の島津荘惣地頭職に任命されました。以後、島津氏は北朝方となります。

勢力を拡大した島津氏は、貞久の弟たちに所領を分与し、和泉氏・佐多氏・新納氏（日向）・樺山氏（日向)・北郷《ほんごう》氏(都城付近)ができました。大隅・日向が中心です。以前の分家は山田氏・伊作家・町田氏・伊集院氏の4家ですが、薩摩国内の所領で、姓も薩摩の地名です。

1274年と81年の元寇について。蒙古に対する石築地建設は、荘園・公領、御家人・非御家人を問わず賦課がありました。これにより幕府は朝廷が持っていた政治権限の委譲を受けましたが、75年、3代久経は下向し、筑前筥崎の薩摩国役所で異国警護にあたります。九州の守護は、大まかに北九州の武藤(少弐)氏、中九州の大友氏、南九州の島津氏ですが、少弐経資は、九州警護の結番《けちばん》を定め、日向・大隅・薩摩は冬3カ月となりました。81年の元寇の際は、薩摩国御家人を率いて壱岐島まで行っています。下国後9年の84年に筑前の筥崎で亡くなっています。異国警護はその後も続き、1304年には1カ年の在番に変更しています。九州の守護・御家人等の負担は大きいですね。

平安時代、各国には都から派遣された国司、地元の有力者が任命された郡司という役職が置かれていました。鎌倉時代になっても薩摩では歴史的に「薩摩平氏」と言われる一族の勢力が強く、主な郡司職を独占していました。非御家人が御家人になるためには、「見参に入る」(鎌倉で将軍に謁見する)か、「交名《きょうみょう》」(御家人になりたい武士の名を書いた名簿)を将軍が見ることによって主従関係が成立するかの2通りです。1197年に忠久は、国内の御家人に内裏大番役を勤めるよう催促していますが、この御家人は交名24人です。国内全域に及び、郡司の大部分が御家人に移行していきます。

守護・惣地頭の島津氏は、各郡司と対立しながら、勢力を伸ばしていきます。特に一族分割の進んだ鎌倉後期・末期になると、各一族は惣地頭として支配する領域が狭くなり、下地支配権を非合法的に奪っていくのです。

5代貞久は、1335年に拠点を出水から薩摩郡の碇山城へ、さらに41年、東福寺城（鹿児島市）を攻め落とし、息子の氏久をおきました。南北朝時代になって拠点が鹿児島市です。

なお、惟宗忠久は島津荘の大部分の惣地頭であり、北薩の惣地頭として平姓の千葉氏、南薩に藤原姓の鮫島氏が任命されます。千葉氏没落の後は、渋谷氏です。鮫島氏も下向しますが、北部・南部の2家に分かれ、北部の家高が新田神社領の年貢滞納等で解任された後、二階堂氏が継ぎます。

東福寺城跡

渋谷氏について。渋谷光重は相模国渋谷荘の地頭でしたが、1247年の宝治合戦（北条氏と三浦氏の争い）の勲功で北薩の地頭になり、5人の男子が下向します。川内川流域の高城・東郷・入来院・祁答院・鶴田地域です。渋谷氏は一族だけでなく、家臣や農民も連れて下向し、河川交通や市場流通を統制し、鎌倉末期には土豪層を制圧しました。南北朝期、初期は北朝方ですが、後には南朝方です。室町期に鶴田・高城氏は没落しますが、他の3家はそれぞれ勢力を拡大し、16世紀初頭には島津氏の脅威となります。

入来文書について。入来文書は、入来院氏と一族・家臣の家に伝わる文書の総称で、平安後期から江戸初期までの約500年間の入来院の歴史がわかります。入来院氏は太閤検地で領地替えになりますが、江戸初期に入来院に戻ります。鎌倉以来、同一領主としての存続は、島津氏とともに珍しい例です。この文書を研究したのがアメリカで生活していた朝河貫一博士です。帰国の際、日欧封建制比較研究の上での入来文書の価値に気付き、大正末〜昭和初期にかけて、日本文や英文本が日本や欧米で出版され、特に欧米学会で高く評価されました。その後、マルク＝ブロックの『封建社会』やルース＝ベネディクトの『菊と刀』等にも引用されました。

8　南北朝・室町時代

島津貞久の後、氏久～元久～久豊～忠国～立久～忠昌～忠治～忠隆～勝久～貴久と続きますが、ほぼ安定した領国経営をするのは、15代貴久が鹿児島御内城に入城する1550年頃です。およそ200年にわたって、島津氏と国人（領国内の在地領主）、また島津一族同士の争いとなった内乱状態が続いたことになります。当主によって勢力の違いはありますが、全国的にも南北朝・室町・戦国時代と混乱した時代であり、鹿児島でも似たようなものでした。

この段階の島津氏は、直参の家臣団を中核とし、半独立の一族と国人の支持による連合政権であって、国人の古代以来の支配権を否定しきれない、不安定で未完成な勢力でした。

前述した背景から島津氏は北朝方となりますが、南朝方となったのが郡司系の矢上氏や谷山氏（惣地頭と郡司の対立）、守護・地頭系の伊集院氏（本家と分家の対立）や鮫島氏（惣地頭同士の対立）等です。矢上氏は鹿児島郡司で、貞久は、1341年、8カ月にわたる攻防の末に矢上氏一族や肝付兼重らが守る東福寺城を攻め落とし、息子の氏久を置きました。44年には矢上高純を攻め、矢上氏を滅ぼしました。54年には郡司職も兼務し、鹿児島郡を領国形成の拠点とします。但し、東福寺城は50~60mの山城（多賀山）で、防衛を第一とし、手狭で、城の付近には町といえるものは存在しませんでした。

南朝方は、1337年に三条泰季を薩摩に派遣し、42年に後醍醐天皇の第9皇子の懐良親王が、征西大将軍として入薩します。谷山隆信の庇護のもと5年半生活しますが、貞久を破ったこともありました。その後、菊池氏のいる肥後に行きますが、近畿では圧倒的に北朝が優勢だったのに対し、九州では九州探題の一色氏を破るなど南朝が優勢で、72年に今川了俊に敗れるまで懐良親王と菊池武光は、大宰府を拠点に11年間、九州の大半を支配します。その間、南朝方は南九州の反島津勢力の結集（一揆）を促し、71年に島津氏は南朝年号を奉じたほどでした。

75年水島の変（了俊が少弐冬資を暗殺した事件）

【懐良親王】

御所記念碑

により、島津氏と了俊は対立関係になります。了俊も反島津勢力の結集（一揆）を図り、82年には了俊に帰順したこともありました。その後、了俊が解任されたり一揆勢の離間策をとったりして、7代元久は薩摩・大隅の守護となります。

大隅国の南朝方として肝付氏（100ページ参照）・野辺氏や楡井頼信（初め北朝方で後に南朝方）がいます。これに対応したのが守護貞久と、日向で勢力のあった国大将の畠山直顕《ただあき》（足利氏一門）です。守護と国大将の併置は珍しいのですが、直顕の派遣は大隅掌握と島津氏への牽制と考えられます。当初、大隅国内では直顕の方が強力な支配力を持っていましたが、中央で高師直派と足利直義・直冬派の対立があり、結果的に直冬派だった直顕は勢力を失います。6代氏久（奥州家）は、1356年に南朝方と手を結び、徐々に国人層を味方につけ、60年再び北朝方となり、領国形成に努め、63年大隅国守護職・鹿児島郡地頭職です。南朝方は島津氏に対し、国人一揆を形成させて対抗しますが、参加した大隅の国人としては、馬越・曽木氏（菱刈氏一族）、税所氏、伊地知氏、蒲生氏等がいました。

1363年、貞久はおおまかに薩摩を師久（碇山城拠点）に、大隅を氏久に分与します。但し、鹿児島郡は氏久に譲与したので、氏久は東福寺城を拠点とします。ここに島津氏は主に薩摩の総州家（島津上総介だったため）と、主に大隅の奥州家（島津陸奥守だったため）にわかれました。当初、両家の関係は良好で、婚姻関係もあり、一時は伊久（師久の子）の子を元久（氏久の子）の後継とする動きもありました。その後、伊久が鶴田氏（渋谷氏一族で元久に加担した）を他の渋谷氏4家とともに攻めたこと等もあり、対立関係となります。全体的には元久が有利で、1408年には忠朝（伊久の子）の平佐城を落城させ、翌年、元久は薩摩国守護職を兼務です。元久は領国の守護職を再び統一して、領国形成の本格化に努めました。但し、北薩の渋谷氏領や大隅八幡宮領にはなかなか進出できませんでした。

　元久は、1387年、清水城を建設しました。清水城は山頂ではなく、山の端に位置していました。山城と山下の居館を中心とする典型的な初期の城下町の形態を備えていました。ここが約160年間、島津氏の本拠地となります。

　1411年、元久は清水城で死去します。元久は、島津家菩提寺として福昌寺を創建していましたが、一人息子の梅寿を福昌寺第3世と

清水城跡

したため、後継者がいなくなり、弟の久豊と一族の伊集院頼久（元久の遺言は頼久の子を指名）の間に、13～18年にわたる家督相続の紛争がおこりました。久豊が勝利（奥州家の相続）しますが、一族や諸氏との対立があり、11年の歳月をかけて薩摩・大隅をまとめ、その後、日向に向かいます。25年に久豊が死去し、息子の忠国が3州の守護職となりました。29年には総州家を滅ぼし、9代忠国の時代には、弟の用久や息子の立久との対立はありますが、敵対していた国人勢力に打ち勝ち、領国支配を安定させることができました。

その後も領国経営はなかなか安定せず、特に忠昌の時代は混乱を極めました。1474年、10代立久が亡くなると、立久の従兄弟の国久と子の忠昌が後継をめぐり対立します。忠昌が11代となりますが、国久、季久（大叔父）、伊作久逸《ひさやす》（叔父）が次々と反乱を起こします（85年までに降伏）。その後も反乱は続き、伊東・相良氏の国外勢力との対立もあり、肝

福昌寺光明蔵

島津忠治墓（津友寺跡）

付兼久の反乱が解決しない中、1508年に忠昌は清水城で自刃しました。忠昌は好学の大名で、薩南学派の学祖となった桂庵玄樹や雪舟門下第一の名手といわれた秋月等観を招くなど文化興隆にも努めました。

忠昌の後、忠治（吉田松尾城攻略中、1515年戦死、享年27）・忠隆（吉田松尾城落城後、19年死去、享年23）・勝久と3人の子が守護職となりますが、いずれも在職期間は短く、26年、勝久は伊作家忠良の子の貴久を養子にし、翌年、守護職を譲ります。但し、単に貴久養子＝勝久隠居ではありません。貴久養子は勝久が領国支配のために忠良の支援を得ることが目的でした。忠良は伊作家に生まれましたが、母が相州家の運久《ゆきひさ》に再嫁すると、その養子となり、両家の家督を相続し、南薩の有力者でした。

貴久後継に反対したのが、勝久夫人の弟の実久（薩州家　北薩と南薩に所領があり、忠良以上の実力者）

【島津忠良】

【島津貴久】

です。これを受けて同年、勝久は貴久から家督と守護職を取り返し（悔返《くいかえし》）、忠良・貴久と抗争を続けます。35年、家臣統制に失敗した勝久は実久に帖佐へ追われ、実久が守護職を継承したとされます。

その後は、実久と忠良・貴久の対立です。当初は実久が圧倒的に優勢でしたが、37年頃に貴久が勝久と提携すると徐々に優勢となり、39年谷山・紫原の戦いで実久は敗れ、出水に退きました。45年貴久は伊集院で一族等から守護として承認され、島津家当主の名である「三郎左衛門尉」を名乗ります。前述のように50年、本拠地を鹿児島御内城（平城）としました。内城の名称は、領主の居館を意味する「御内《みうち》」に由来するといわれています。鹿児島周辺の防衛体制が一応整い、鹿児島は城下町の形成を必要とする段階に至ります。52年には一族相互の契諾をかわし基盤を強化しました。

貴久の父忠良（日新齊《じっしんさい》）は、島津家中興の祖とされ、儒・仏の教養に通じていた忠良の「いろは歌」（130ページ参照）は、後世、薩摩藩武士の重要な教えとなりました。

なお、勝久隠居については、義父の薩州家忠興死去の間隙をつき、相州家の運久・忠良父子と相州家を支持する勝久老中らによるクーデターとの説もあります。

後に実久の嫡男義虎は、16代義久の長女御平《おひら》を妻とし、本家と良好な関係を築いています。

9　島津氏の海外貿易

1368年に成立した明《みん》は、明が認めていない周辺諸国の船の入港や中国人の海外渡航・私貿易を一切禁止（海禁）していました。

14～16世紀の冊封制度（中国皇帝が周囲国の王を臣下とし、王の称号を与え、貿易も許した）のもとで、琉球は中国との公式貿易が1～2年に1回（日本の勘合貿易は10年に1回）で、全部で171回です。1372年に三山（山北・中山・山南）時代の中山王察度《さっと》が進貢して冊封を受け、その後、中山が琉球を統一したため、琉球王＝中山王となります。他国より圧倒的に多く、東アジア貿易の拠点でした。琉球とのつながりを持つことは、非常に重要なことでした。

室町幕府だけでなく、島津氏や三州の海岸地帯の領主等も、自ら海外市場へ飛び込む積極的姿勢を示しました。単なる武将ではなく、時代の経済の先端を行く優れた貿易業者でした。

明は幕府と勘合貿易を行ったため、一国単位の進貢を期待していた明との直接貿易はできませんでした（1374年に氏久が通交を求めたが却下）。そのため薩摩・大隅の領主層に残された道は、

① 勘合貿易と間接的にもつながりをもつこと

② 比較的自由に通交が許されていた琉球及び朝鮮と直接交渉を行うこと

③ 博多や兵庫・堺（当時の国際的な港町）と連携すること

の3通りでした。さらに、島津氏の課題として、領内の他の領主層のもつ対外貿易権を吸収して、経済面からも、最高唯一の独占的な統制者となる必要がありました。

島津氏は、14世紀から海外貿易に進出します。薩摩は、医療用と火薬の原料となる硫黄（薩摩硫黄島産）を特産物として独占していたため、島津氏は大きな発言権を持ち、１４５０年には、勘合貿易への参加も認められました。航路として薩摩経由の南海路を取ることもあり、その都度、保護と警備を命ぜられ、坊津・山川等の港が寄港地として重視されていました。硫黄は毎回送りましたが、南海路の時は坊津で渡し、中国路では門司・博多方面に運びました。
①③もしながら、②が中心となります。

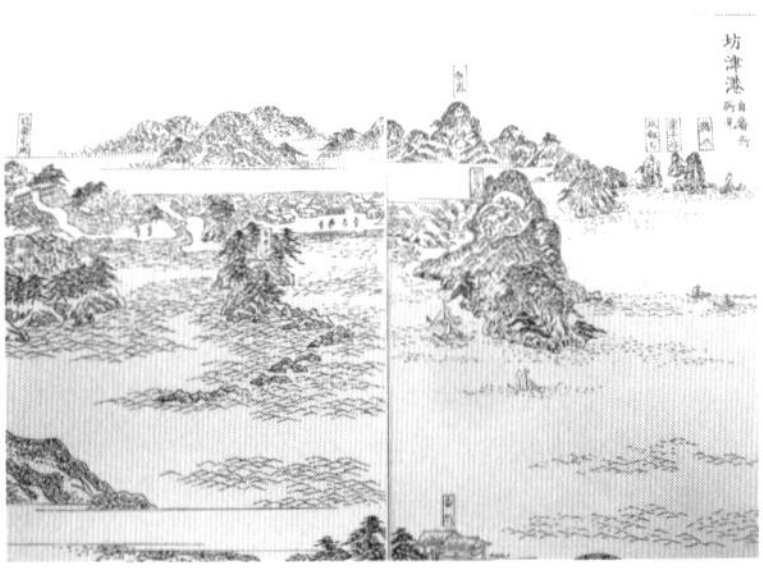

坊津港（三国名勝図会）

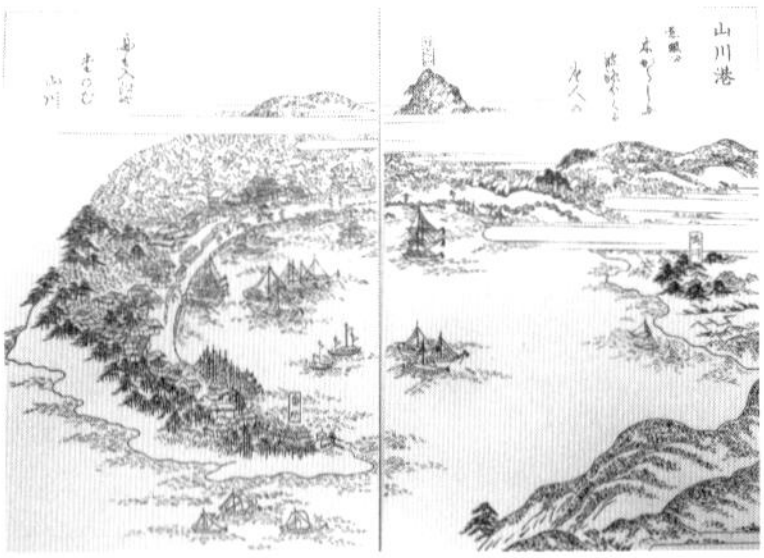

山川港（三国名勝図会）

朝鮮貿易は、１４０６〜１５０４年間に正式な記録だけで１２６回に及びます。対馬の宗氏を除けば圧倒的に多く、輸出品は硫黄の他、琉球を通じて入ってきた蘇木（貴族の礼服用染料）、胡椒（調味料）等です。１４１０年、元久は上洛していますが、南方の貴重な舶来品を持参し、京の公家等を驚かせています。伊集院氏や市来氏が、最後まで完全には降伏しなかった主な理由として、良港を擁して朝鮮その他との貿易によって蓄積した経済利益もありました。

【硫黄島】

琉球貿易について。15世紀の国際港は、博多と那覇です。対琉球貿易は、硫黄と蘇木が中心です。１４７１年には、幕府は一般の琉球渡航船は島津氏の認可を要することを認め、翌年には琉球も同様に認めたため、島津氏は、朝鮮貿易における宗氏の地位を獲得しました。また、琉球使節の薩摩来航は、16世紀中頃から頻繁になっていますが、

① 島津氏の領国経営が確立し、安全が保障され、貿易に熱心だった。

② 琉球の南海貿易がポルトガル進出により次第に振るわなくなり、琉球も積極的に薩摩との貿易を望んでいた。

ためです。１５５９年頃には、島津氏は琉球貿易の独占体制を確立していました。その関係は「兄弟之約」とあるように対等です。
なお、琉球の南方貿易は、明の積極介入（67年に海禁令廃止）、ポルトガルの北上、日本の南下もあり、70年に終わりました。
１６０９年の琉球出兵にはこのような歴史的背景があります。

豊臣政権期、義久は出家して隠居のため、義弘が当主として扱われますが、対外関係の実権は義久です。琉球使節派遣や勘合貿易復活への調整を求められ、また、文禄の役では義弘と久保（死後は弟の忠恒）が出陣している間、義久は琉球及び福建方面との交易を担当しています。義久は、来航した唐船に「御旗」を与えています。船の安全を確保するという南九州の地域権力者の証明であり、朱印状との共通性があります。

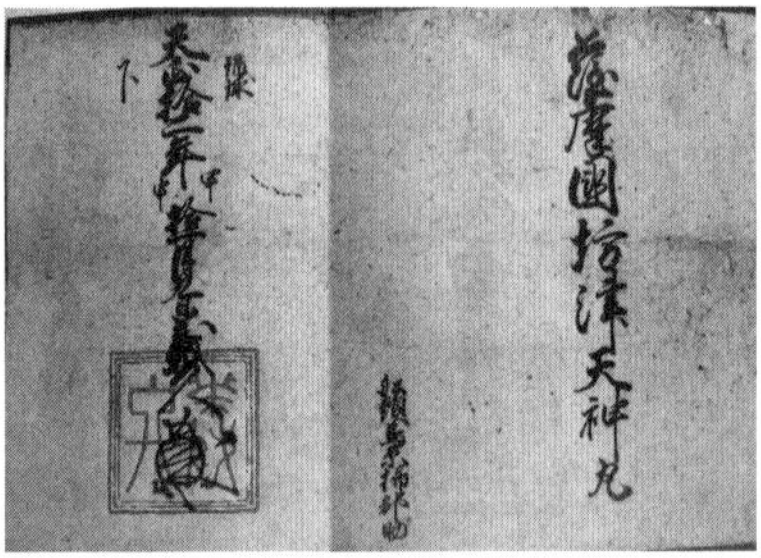
【義久朱印状】

また、薩摩は各地の船舶の停泊地となっており、１５９３年には、ルソンへ行く船３隻、同じようにベトナム３隻、タイ１隻、ヨーロッパ２隻等となっています。
江戸初期の朱印船貿易（１６０４～35年）は、幕府の他に豪商や西国大名等で計３５６隻です。
朱印船とは、「海外渡航を許可する朱印状」を与えられ、「朱印状をたずさえた貿易船」（「教科書」

178ページ）です。大名の中では家久が9通と最も多く、最大の貿易大名です。

1609年、諸大名の500石以上の大船保有停止令が出され、朱印船貿易は幕府の独占となり、31年には奉書船制度で完全に幕府が掌握しました。34年島津氏に対して、琉球を除く領内での中国貿易禁止命令が出され、藩は琉球貿易をさらに重視します。39年には幕府はポルトガル船の来航を禁止し、長崎を唯一の開港場としますが（鎖国の完成）、オランダが必要な物資を調達できるか危惧し、琉球貿易にオランダ貿易を補わせる役割を持たせました。薩摩藩の琉球での海外交易の公式認可です。

但し、鎖国後も唐船の漂着（密貿易）は絶えることなく、1710年の幕府への答書は年5～10隻（表向きで実際はもっと多い）と報告しています。元禄以後、宝永・正徳期は最も抜荷《ぬけに》が盛んで、公然と唐船と商人との交易が続き、特に坊津は領内における最大のルートで、豪商も存在し繁栄しました。藩も唐船への取り締まりは緩やかなものでした。この流れが変わるのが「享保の唐物崩れ」（具体的史料はなく、詳細は不明）です。

幕府の抜荷禁令は1670年が最初で、18世紀に入って徐々に厳しさを増します。1718年に大坂で大規模な抜荷事件が発覚します。抜荷犯46人が逃亡しますが、その中に「さつまや和平治」という人物もいました。取り締まりは全国に及び、薩摩藩でも南西諸島を含め徹底したものでした。

これにより「漢土に通商して窃に唐物を売買する大商船」が70余隻もいたとされる坊津も、寒村となりました。但し、その後も海運業やカツオ漁業等で多くの豪商がいました。

なお、多くの密貿易船が逃げ込んだところが隠岐・朝鮮・琉球方面や近くでは枕崎といわれます。枕崎の領主喜入久亮《ひさあき》は密貿易船を手厚く保護し、内海航海の船に利用します。その際、大船の所有者はカツオ漁、鰹節製造の特権を与えられました。密貿易船をカツオ船にして漁場を黒島付近まで延ばし、大量製造のきっかけとなりました。枕崎では、大坂の鰹節問屋に依頼して、1707年に紀州の森弥兵衛を招聘しカビ付けまで含めた新しい製法と漁法が伝わっていました。

この頃は享保内検が行われ、門高の均等化や増加等で農村組織の完成が図られました。また、船数・網数等の確認で浦方支配の総仕上げの時期です。流通統制の強化（山川1港に限定する藩営貿易の独占等）や専売体制への準備等、多方面にわたり藩による利益独占が図られたことも背景にあると考えられます。

10　鉄砲とキリスト教伝来

種子島氏と鉄砲伝来について。

種子島氏は、大隅国守護代肥後氏の一族ですが、特に禰寝《ねじめ》氏との間に領地問題がありました。今川了俊等の援助を得て、1376年頃に種子島に入り、鹿児島郡司だった平有平（源氏勢力が強くなると種子島に逃亡）の子孫の後を受けて在地領主となりました。この頃に種子島氏と名乗りますが、1408年には屋久島と恵良部島（口永良部島）を恩賞として島津氏より与えられました。太閤検地後に一時、知覧に領地替えになりますが、1599年に戻っています。屋久島と口永良部島は島津氏管理ですが、1612年、3島とも種子島氏の直轄地です。

1543年、鉄砲伝来です。中国人倭寇の王直の船に同乗していた3人のポルトガル人（3人の氏名までわかっている）が伝えましたが、背景として、アジアに進出したポルトガルは明との交易を拒否され、密貿易に転じた中で倭寇とのつながりができていたことがあります。

なお、奄美の喜界島と種子島は当時ポルトガル船の航路にあたっていました。後年、ザビエルを乗せたポルトガル船は、鹿児島に向かう途中喜界島に寄港し、さらに種子島に寄り、8日間、島に滞在し、種子島氏の歓迎を受けています。種子島が伝来の地となったのは、単なる偶然ではないのです。

1543年8月25日、種子島の西村の小浦に100余人を乗せた1隻の船（中国のジャンク）が来着しました。西村時貫は中国人の儒者・五峯（海賊・王直のこと）との筆談で、3人のポルトガル人がおり、2挺の鉄砲があることがわかりました。27日、種子島時尭の居城のある赤尾木に入港します。

時尭は新兵器に関心を持ち、2000両で2挺の鉄砲を買い求め、家臣の篠原小四郎に火薬の調合を学ばせる一方、鍛冶数人に銃筒を模造させました。銃身と銃底をふさぐネジ切りがうまくいきませんでしたが、翌年来島したポルトガル人の一人が鉄匠だったため、八板金兵衛清定がこの技術を学び、伝来後

【鉄砲伝来紀功碑】

8カ月目に国産銃が完成しました（左下写真は上がポルトガル銃、下が国産第1号です）。完成後、1年の間に種子島では数十挺を製造しました。

このヨーロッパ式小銃は、その発火装置から火縄銃と呼ばれ、また発祥地の名から「種子島」ともいわれました。この銃は命中精度に優れていますが、安全性や操作性は劣るとされます。最大射程は通常軍用に使用される銃身長1mぐらいの銃で500m前後です。命中精度は20mで直径10cmほどの標的に命中させることができ、人馬ぐらいの大きさの標的では100mが射距離の限界でした。1分間に4～5発の発射が可能でした。日本のように土地が狭く集団戦闘が困難な地域では、命中精度に優れていることが第一条件であり、戦国期のわが国にとって垂涎の武器となりました。火縄銃は幕末まで使われますが、単なる技術停滞ではなく、わが国の実情に適していたという背景もありました。

時堯が銃に習熟した頃、紀州根来寺《ねごろ》の杉坊某公が使者を派遣して鉄砲を求めてきました。時堯は津田監物に1挺を持たせて送り出し、残りの1挺で複製しました。その後、堺の商人橘屋又三郎が来島し、1～2年で技術を学びとったので、鉄砲又と呼ばれました。

火縄銃の製作技術はさほど難しいものではないため、比較的短期間に全国に広がりました。

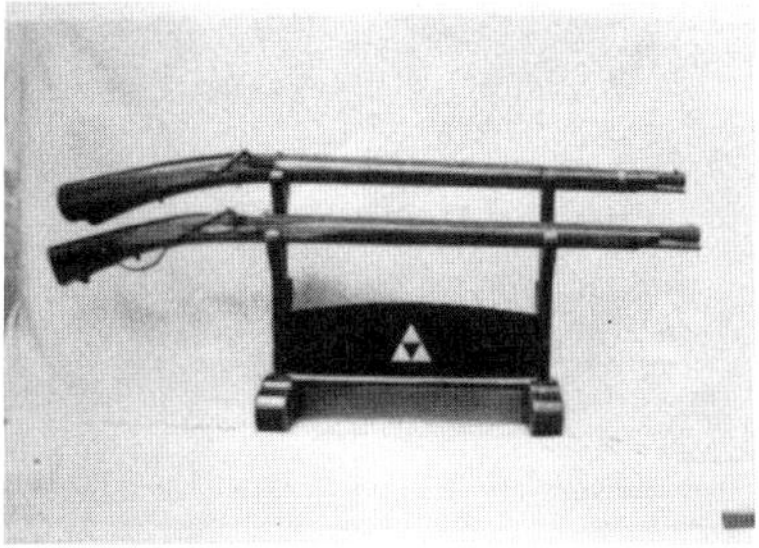

【火縄銃】

また、広がった理由として、法華宗の浸透もありました。種子島氏と法華宗は15世紀半ばからつながりがありました。文正・応仁年間（１４６６～69）には種子島・屋久島・口永良部島が「皆法華」となり、69年には種子島氏の菩提寺本源寺が建立されています。16世紀にかけて法華宗本山の１つ京都本能寺の僧も来島し、種子島時堯も１５６０年入洛した際本能寺とつながりを持っています。遅くとも１５４９年までには本源寺から堺の顕本寺（法華宗）に鉄砲が届けられていますが、島津氏を介在しない、京都との独自の直接交渉ルートをもっていたことも関係します。

キリスト教伝来について。フランシスコ＝ザビエル（１５０６～52）はスペイン北東部のナーバラ出身でバスク人の血をひく人物です。

ザビエルは、19歳でパリ大学に留学し、34年に同志とともにイエズス会を創立しました。ポルトガル国王ジョアン３世は植民地東インドの布教の協力を会に依頼し、ザビエルが推挙されました。極東における教皇代理としてリスボンを出発したのは41年35歳の時です。翌年ゴアに到着し、その後インド海岸、セイロン島、マラッカ等で布教しますが、イスラム教徒の抵抗等もあり十分な成果は得られませんでした。

日本人アンジローとマラッカで会ったのは、47年12月です。アンジローは鹿児島の豪商の家に生まれたといわれます。35歳で殺人を犯し、46年12月に山川港からポルトガル船で脱出します。船中でカピタンに告白し、キリスト教に関心をもち、ザビエルを訪ねました。ザビエルは、その知性・人格に惹かれ、また友人が書いた『日本記』を読み、日本への関心を高め、日本布教を決意します。

49年4月、アンジローを案内役としてゴアを出発、マラッカで中国人のジャンクに乗り換え、坊津に上陸後、8月15日鹿児島（祇園之洲町）に到着しました。9月には伊集院の一宇治城で15代貴久に謁見し、宣教の許可を得ます。一宇治城は長く伊集院氏の居城でしたが、36年貴久が攻略し、45年から5年間貴久の拠点となっていました。親しくなった福昌寺住職の忍室《にんじつ》和尚と霊魂の不滅や来世の問題等について語ったり、日本人初のヨーロッパ留学生となったベルナルドを知ったりしています。100人ほどの信者ができましたが、仏僧の妨害や貿易利益を期待した貴久の失望もあり、鹿児島滞在は約1年です。

その後、平戸、山口、堺、京、豊後等を訪れます。途中、「神」を表すのに便宜上使っていた「ダイニチ（大日）」を廃し、「デウス」を使っています。来日2年後には、インドからの情報がないことを懸念し、51年11月インドに向かいます（ベルナルドも同伴）。

2年3カ月の日本滞在中の改宗者は1000人にもなりませんでしたが、日本人に対する期待は

祇園之洲上陸記念碑

大きく、「その文化・礼儀・作法・風俗・習慣はスペイン人に優る」「日本人ほど理性に従う人民は世界中で会ったことがない」等と評価しています。

ゴアに着くのは52年2月です。その後、日本文化の源泉は中国にあり、中国伝道の成功が日本のキリスト教化を促すと考え、中国に向かいます。4月にゴアを出発し、マカオを経て、8月末に広東港近くの上川島に上陸しました。その後、熱病に倒れ、同年12月、46歳で死去しました。

下の銅像の3人は、ザビエル・アンジロー・ベルナルドです。

1708年、屋久島に潜入したシドッチについて。キリシタン最後の潜入ですが、マニラで日本語を学び、発見時は和装帯刀の姿でした。15年に47歳で亡くなりますが、新井白石は「西洋紀聞」の中で、「博覧強記」、多学で特に天文地理に詳しい旨を述べています。

ザビエル等3人像

11　桂庵玄樹と薩南学派

「教科書」（146ページ）は、文化の地方普及として、応仁の乱によって京都が荒廃すると、公家たちが地方に下り、地方の武士も中央文化への憧れから積極的に迎えたこと、特に日明貿易で繁栄していた大内氏の山口には多く集まったこと等を述べていますが、具体的な人名としては、中部・関東等をめぐり、すぐれた漢詩文を残した禅僧の万里集九《ばんりしゅうく》と桂庵玄樹だけです。

桂庵玄樹（1427〜1508）は周防国、山口生まれ。臨済宗の南禅寺で修行し、40歳の時大内氏の勘合貿易船で渡明、7年間朱子学を修めて帰国します。乱を避け九州を転々とした後、忠昌の招きで78年、薩摩に入ります。来鹿の理由として、忠昌が禅宗の理解者で好学の大名だったこと、当時、鹿児島が博多に次

【桂庵玄樹】

ぐ国際的港町であり、外国文化の摂取に便利であったこと等が考えられます。

80年『大学章句』(「大学」に朱子の新しい解釈をつけた日本最初の本)を出版し、朱子学を正しい儒学として広めました。朱子の新註で四書・五経を講じ、かつ、岐陽方秀の施した四書・五経に対する訓点(京点)を改良し、後世「桂庵点」といわれる訓点を施し、『四書』を日本語読みできるように和点をつけた『家倭和点』を著します。近世における朱子学の興隆の土台を築きました。

桂庵玄樹墓

その後、各地で朱子学を講じ、建仁寺139代管主(本山の歴代住職者には桂庵の名はありません。臨済宗僧は本山に行かなくても、高僧で領主らが金銭を出してくれれば、幕府が本山住職補任状を出していました)にもなりますが、晩年、薩摩に戻り、伊敷の東帰庵で生活し、83歳で亡くなります。多くの弟子を育て薩南学派と呼ばれました。

その薩南学派は、桂庵の後、月渚《げっしょ》(飫肥安国寺住職)~一翁(日向の福島龍源寺住職)~南浦文之《なんぽぶんし》や、舜田《しゅんでん》(加世田保泉寺住職)~島津忠良等と続きます。

文之(1555~1620)は日向生まれ、幼年より文殊童といわれました。義久・義弘・家久の3代に仕え、黒衣の外交家で、琉球服属の功績は大きく、種子島氏から依頼され、『鉄炮記』も著しました。大龍寺の開基で、鎌倉建長寺の長となったこともありました。臨済宗僧でしたが、儒仏二教一致を説きました。文之は「桂庵点」を改良して加点した『書集註』と『周易伝義』を著します。この2書が弟子の泊如竹《とまりじょちく》によって寛永期の初めに刊行されたため、これまで地方の1学派にすぎなかった薩南学派の存在が世に知られるようになりました。

その泊如竹（1569〜1655）は、屋久島安房生まれ。学問に優れ、津藩主藤堂高虎、琉球国王尚徳、19代光久に侍読して重用されました。78歳で屋久島に戻りますが、個人収入のほとんどを屋久島の人材育成や産業開発に使い、屋久聖人といわれました。

如竹の弟子に藤原惺窩を批判した（1599年、山川の正龍寺で文之点の和訓を見て、以後それを参考にしながら、そのことを明らかにしなかったこと）愛甲喜春がいます。批判したのは惺窩や幕府に登用された林羅山ら関係者が亡くなった後の1687年です。その正当性について、詳しくは不明です。「何れもその訓點本の原形を斷知し難いことは誠に遺憾」（『鹿児島縣史』）です。愛甲は28年間、光久の侍読を務め、医学にも優れていました。

文之記念碑

光久が、菊池東勺《とうしゃく》（林羅山門人）を孫の綱貴の侍読に招いて以来、薩南学派はすたれていきます。

薩南学派の先行性を知った当代随一の学者であった佐藤一斉（西郷の愛読書「言志四録」著者）は、1842年に伊地知季安（142ページ参照）に頼まれ、桂庵玄樹の顕彰碑文を書いています。

同様に忠昌に招かれたのが、雪舟高弟中第一の名手といわれた秋月等観《しゅうげつとうかん》（秋月は画号、等観は僧名、生没年は1430頃～1519頃と推定）です。薩摩国内の高城城主の次男でしたが、63～67年頃山口に滞在していた雪舟に入門しました。90年には雪舟71歳の「自画像（頂相《ちんぞう》）」を与えられました（後継者または一人立ちの許可証〈免状〉の意味）。20年余りと思われる修行生活の終了ですが、雪舟の硬質の絵画を最も忠実に継承したとされます。92年薩摩に戻り、96年前後には数年間の渡明もしています。多くの弟子を育て、加治木で永眠です。

等碩（秋月の子）・等坡（小根占園林寺住職）などが受け継ぎ、江戸初期まで薩摩画壇の中心となります。その後は幕府が狩野派を採用し、藩内でも狩野派が主流となります。

【蘆雁図（等観）】

江戸中期の画家に木村探元（1679～1767）がいます。約2年間、江戸で狩野派を学んだ後、1707年、鶴丸城本丸造営の作画に従事し（134ページ参照）、同年探元と改名です。画才に優れ、「見事探元《みごつ》」といわれました。50代後半には近衛家に招かれ、作画中に近衛家の推薦により勅許で法橋位を授かり、近衛家久から大弐の呼び名を賜り、以後「大弐法橋」と署名します。

下絵は、75歳時の製作、幅2・37mに及ぶ大作で、掛け軸としては最大級のものです。山頂部は伝統的な表現の一方、中腹の陰影表現や空気遠近法がみられ、狩野派としては異例な写実性を備えているとされます。

【富嶽雲烟之図（探元）】

12　主な寺院・神社

６９２年、政府は阿多と大隅に僧侶を派遣します。寺院は隼人に対する教導を期待されていましたが、８世紀後期創建の薩摩国分寺は、東西・南北とも約１２０ｍほどの築地塀で囲まれ、南大門・塔・金堂・講堂等がありました。仏教浸透の遺構として９００年頃の蔵骨器や火葬墓も発見されました。その後、島津家菩提寺の福昌寺や坊津一乗院等の大寺院ができ、名僧も輩出しました。

薩摩・大隅の代表的な寺院・神社等について述べます（絵はすべて三国名勝図会）。

鹿児島神宮（霧島市隼人町）は、祭神はヒコホホデミノミコト。社家伝では正宮は７０８年の建立で、８世紀の元正天皇が奉納した銅印には「八幡宮」の文字があります。大隅国一宮《いちのみや》です。「延喜式」神名

鹿児島神宮①

帳（927年）では、薩隅日3カ国の中で、唯一「大社」（他は小社）で、古代には大宮司職もいました。10世紀には八幡神が配されたと推定され、社勢盛んとなります。12世紀には正八幡宮と称し、宇佐・石清水八幡に対抗しました。1197年の図田帳では、社領の合計は約2500余町に及びました。その後、社領も少なくなりましたが、藩政時代は763石余の神領高を所有しています。11世紀以降、5回炎上し、1560年に15代貴久が再興、1756年に24代重年が改造しました。本殿は権現造です。

三国名勝図会の絵も、鹿児島神宮のみ3枚です。

台明寺《だいみょうじ》（霧島市）は天台宗で、672年天智天皇勅願所としての創建と伝えられ、青葉の笛竹の献上の地とされています。青葉の笛竹は平敦盛の故事で知られますが、台明寺の境内に自生する台明寺竹《デミヨ》を3昼夜池で浸し、3日間修祓、半枯れになった笹つきの竹で作った横笛です。

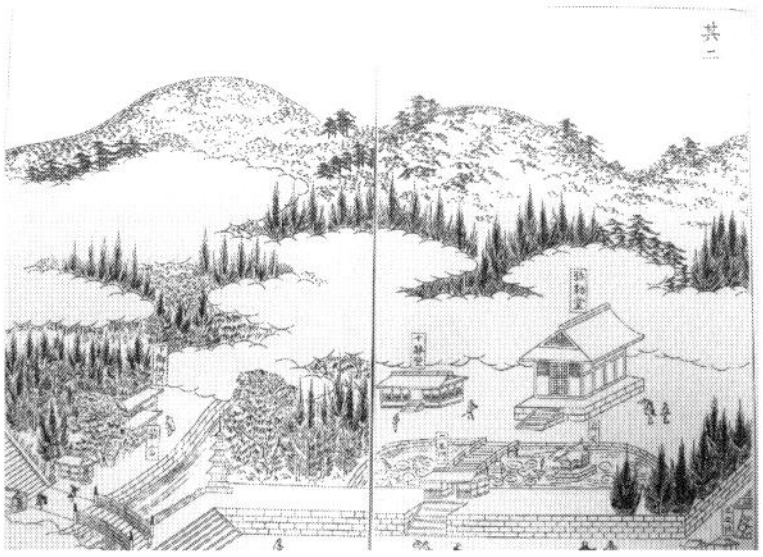

鹿児島神宮②

鹿児島神宮③

大慈寺（志布志市　臨済宗妙心寺派）は1340年、南朝方の楡井頼仲によって創建され、44年には禅宗の地方普及によって十刹《じっさつ》に加えられました。十刹は京都や関東が有名ですが、文明（1469〜86）末には全国で46カ寺でした。江戸期には寺領591石、寺域8町四方に及び、門前は2町、屋敷は70余を数え、「志布志千軒の町」とうたわれました。

同じく志布志にある宝満寺は、聖武天皇勅願と伝えられますが、1316年に再建されます。この時、奈良西大寺から持ち込まれた運慶作の如意輪観音像を本尊にしたとされます。一時は坊津の一乗院、鹿児島の慈眼寺とともに「薩摩三名刹」といわれました。

霧島神宮（霧島市）は、祭神はニニギノミコトです。10世紀の延喜式には日向国諸県郡霧島神社とあります。この神宮の特徴の1つに噴火による火災の多さがあります。噴火のため炎上し、950年に天台宗の性空上人が西麓の高千穂河原に再興したとの伝承がありますが、1234年に大噴火のため再び炎上し、田口に250年間、行宮《あんぐう》が置

霧島神宮①

霧島神宮②

かれました。１４８４年、真言宗の僧兼慶が11代忠昌の命を受け再興しました。中世に霧島信仰が発達し、各地に霧島権現社ができました。１７０５年にまた噴火で炎上し、同じ場所に21代吉貴の寄進により10年の歳月をかけて再興されたのが現在の社殿です。朱塗りの絢爛さで、「西の日光」とも称せられます。

感応寺（出水市野田町）について。１３２３年、５代貞久は肥前より雲山和尚を招き再興し、36年には七堂伽藍と十境（その土地の景勝地）が完成しています。忠久から貞久までの五代墓もあります。雲山は足利尊氏と謁見し、尊氏は感応寺を十刹に列し、以後、他の五山十刹と人事交流もありました。１４４２年に本堂より出火し、本尊も焼失しますが、新しい本尊は定朝三派（慶派・院派・円派）の１つ院派の仏師院隆作で45年完成（十一面千手観音菩薩像）です。１５４１年に再度の大火があり、87年、秀吉の九州出兵の際、新装なったばかりの伽藍を打ち壊され、１６１９年には藩の上知令により48の末寺も蔵入り（取り上げ）です。１８８０年６月に臨済宗相国寺末寺として再興されました。

福昌寺（鹿児島市）について。１３９４年、７代元久が島津家の菩提寺（曹洞宗）として創建です。開山は一族の石屋真梁《いしおくしんりょう》禅師で、後に一時、曹洞宗総本山総持寺の管長にもなった名僧でした。石屋は伊集院の妙円寺の開山でもありますが、この頃、虎森が山川の正龍寺、南仲（石屋の兄）が伊集院の広済寺の開山となり、禅宗が栄えました。元久は一人息子の梅寿を出家させ、後に福昌寺3世の仲翁守邦《ちゅうおうしゅほう》となります。元久は、宇宿村1350石と他に約600石、計1950石を寄進しています。97年の元久の掟書に、「寺家の置手（掟）元久定め置くところ、少なりとも背く者は子孫たるべからず」とするほど熱心でした。1546年には後奈良天皇の勅願所です。廃仏毀釈の際には1500余人の修行僧がいたといわれます。「太守様第一の御菩提所に候間、當國随一の大伽藍」（「鹿児島ぶり」）です。

新田神社（薩摩川内市）について。薩摩国一宮ですが、平安時代から大きな勢力を持っていた大隅一宮の大隅八幡宮とは、かなり様相が異なります。

9世紀の貞観年間、盛んに神階贈位が行われますが、薩摩国では、伊邇色《いにしき》神社（鹿児島市）、枚聞神社（指宿市開聞町）、智賀尾神社（日置市伊集院町）、加紫久利神社（出水市）、白羽火雷神社（薩摩川内市）、

福昌寺①

福昌寺②

志奈尾神社（同前）、田布施神社（南さつま市金峰町）、紫尾神社（さつま町）の8社です。8社のなかでは、枚聞神社が最終的には正四位下へ、加紫久利神社が正五位上へと高位です。

「延喜式」神名帳（927年）には、全国で3000余の神社が記載されていますが、薩摩は枚聞神社と加紫久利神社の2社、大隅は鹿児島神社（現鹿児島神宮）、大穴持神社（霧島市）、宮浦宮（福山町）、韓国宇豆峯神社（霧島市）、益救神社（屋久島）の5社です。

枚聞神社は、元々は開聞岳を神体とする山岳信仰に根ざした神社と考えられますが、古代から海神・航海神として南海と深いつながりを持ち、平安末には神領42町を有していました。中世の頃は和田都美神社とも称していました。現在の社殿は、1610年に義弘が寄進し、1787年に重豪が改築したものです。

このように新田神社は出てきませんが、1165年の古文書に「再興より三百余年を経た」旨の記録があります。元寇の頃、異国降伏祈願のため諸国の一宮に剣一腰と神馬一匹を献納しますが、薩摩では枚

新田神社①

新田神社②

聞神社と新田神社（地理的位置と八幡信仰の流行により台頭）が争論中で、４代忠宗は未決（後、両社とも一宮）のまま仮に新田神社に奉納し祈願しました。島津氏と新田神社の執印惟宗氏が同族関係であることも関係しそうです。

１６０１年に義久が改築、１８５０年斉興が修築です。

枚聞神社

一乗院（南さつま市坊津町）について。平安末期に「鳥越山龍巌寺」と称し、１１３３年鳥羽上皇が院宣によって紀州根来寺の末寺とし、真言宗新義派の西海の本寺として「如意珠山一乗院」の勅号を受けています。１３５７年には6代氏久の協力で再興され、３２６０町歩の田地寄進もありました。１５４６年後奈良院の願所となり「西海金剛峯」の勅額を受けました。その後も繁栄し、三州領内に真言宗広沢派１２２寺を末寺に持つ大寺で、鹿児島大乗院（島津家の祈願寺）と真言宗を二分する勢力を持っていました。藩政時代は３５９石です。廃仏毀釈では、福昌寺とともに最後に没収でした。

13　戦国時代〜三州統一

16世紀半ばになって島津氏は薩摩・大隅を統一し、ようやく安定した政権となります。

７００年近い鹿児島の領主ですが、前半（初代忠久〜14代勝久）と後半（15代貴久〜29代忠義）とでは随分と違いますね。大まかには内乱に明け暮れることの多かった前半に比べ、当主を中心にまとまりのあった後半（いろいろと事件はおこりますが）といえます。


三州統一について。

15代貴久は、１５５４年に蒲生氏・祁答院氏と対立し、祁答院氏の岩剣城を包囲し、持久戦となります。57年までの蒲生合戦で蒲生氏は降伏します。67年貴久・義久（前年に家督相続）は、大口の菱刈氏（鎌倉御家人で菱刈郡郡司）を攻めますが、肥後相良氏や日向伊東氏、渋谷一族が連携して反島津網を形成されると、危機的な状況に陥ります。69年、大口戸神尾《とがみお》の戦い（島津氏は兵糧輸送と見せかけて相良・菱刈軍を誘い出し、伏兵で敵を攻撃する「釣り野伏」戦法をとった）で勝利すると、菱刈氏は和睦を申し出、70年には薩摩で孤立した渋谷一族（入来院・東郷氏）も和睦しました。ここで薩摩国統一です。

大口戸神尾の戦いは、三州統一の流れをつくった起点とされています。

肝付兼重奮戦之碑

大隅国統一は、鎌倉以降大隅の有力な一族の肝付氏と禰寝氏を下した74年に成しとげられました。

肝付氏について。平安末期以降に肝付郡を根拠地にしますが、鎌倉期は鎌倉御家人ではなかったため前述した名越氏の強い圧迫を受けました。南北朝期の兼重の代には、南朝方として宮崎方面まで進出したり、鹿児島で東福寺城において5代貞久と争ったりしました（68ページ参照）。戦国期の兼続は当初、島津氏と血縁関係（忠良長女と結婚、妹は貴久夫人）を結んだり、日向の伊東氏とも友好的で、その所領は南大隅から日向の南部まで及び、島津氏に脅威を与えるほどでした。後には島津氏と対立関係となり、伊地知氏（垂水）とともに降伏します。江戸期は喜入（鹿児島市南部）を所領とします。

禰寝氏について。鎌倉～戦国期の約４００年間、禰寝院を根拠とした一族です。南北朝期は畠山直顕や5代貞久等の北朝方で、肝付氏や楡井氏と対立しました。戦国期には当初肝付氏や伊東氏と一揆をおこして島津氏と対立していましたが、73年16代義久の勧誘（本領安堵）に応じ、島津方となりました。これは最後まで反島津勢力となっていた肝付氏に大打撃となりました。屋久島をめぐって種子島氏との抗争もありました。後、薩摩の日置郡吉利を所領とし、子孫は小松氏を名乗ります。なお、明治維新期の小松帯刀は、肝付氏に生まれ、小松氏の養子となった人物です。

日向の伊東氏は、72年木崎原合戦で島津氏に敗れ、76年には本拠地の高原城を包囲されます。77年大友氏を頼り豊後に逃走します。78年援軍の大友氏を破り、三州統一が達成されました。

貴久には、優秀な4人の息子がいました。16代義久・17代義弘（正式に家督を譲られたわけではありません）・歳久・家久（18代家久とは別人）です。義久・義弘の名前は、足利将軍13代義輝と15代義昭の一字をもらったものです。4人協力して勢力を伸ばします。

【島津義久墓（金剛寺跡）】

九州制覇の動向について。
78年、日向の耳川の戦いで大友氏を撃破し、翌年、家久は伊東氏居城だった佐土原を得ました。この戦いで大友氏の勢力が削がれ、龍造寺氏が勢力を増し、九州は3氏の鼎立状態となります。81年には義弘が肥後の相良氏を破り肥後南部を直轄領へ、84年には以前から龍造寺氏に圧迫されていた有馬氏の要請を受け、弟・家久が有馬氏と協力（計6000の兵）して龍造寺氏（約3万）を島原半島で破り、龍造寺氏を帰服させました。85年には北部の領主だった阿蘇氏を降伏させ、肥後国全体を領国化しています。

なお、この頃イエズス会巡察師ヴァリニャーノとの交渉で、司祭館の鹿児島設立と山川の南蛮貿易港化（定期船入港地化）が進展していましたが、龍造寺隆信の敗死により、肥前南部にも影響を及ぼすことが可能となり、この交渉は中絶しました。

86年には、大友氏の豊後を攻め大敗させました。秀吉の九州出兵は87年ですが、それ以前に大友氏との和平を命じていました。島津軍は日向根白坂で秀吉の弟秀長らに大敗し、義久は剃髪して川内の泰平寺で秀吉に降伏しました。秀吉は、義久に薩摩、義弘に大隅、義弘の嫡男久保に日向国1郡（諸県郡）を安堵しています。88年、秀吉の命により久保を後継者としました。93年、文禄の役で病と称して釜山に滞留したため改易された薩州家領、出水・高城郡約3万石は秀吉直轄領です。

このように島津氏が勢力を伸ばした理由として、①当主の優秀性。忠良・貴久・4兄弟とも優秀。②一族の団結が強固。③武力だけに頼らず、謀略や懐柔、さらに降伏した者は温かく受け入れた。④勝利の確信のない時は無理をしなかった、等が考えられます。


17代義弘の朝鮮の役（義久は病気を理由に出兵せず）や関ヶ原の戦いについて。

文禄の役では軍役動員がはかどらず「日本一の遅陣」といわれ、後継ぎの久保を病気で失っています。慶長の役では、泗川の戦い（島津勢8000の兵）で、明の大軍（義久への書状で20万騎）を破り「石曼子《しまづ》」と恐れられました。撤退の際、朝鮮人陶工を80人ほど連れ帰り、薩摩焼につながります。この功績により出水郡及び太閤検地で失った土地5万石を取り戻し、完全な2国1郡に戻っています。関ヶ原の戦いも、荘内の乱（106ページ参照）による家臣の疲弊や義久の消極的姿勢により、1000の兵で参加します。敵陣突破で何とか薩摩に帰り着きます（「島津の退き口」）が、帰り着いたのは80人ほどでした。義弘は向島（桜島）で蟄居です。

【島津義弘銅像】

「日本一の遅陣」や1000という兵の少なさなど、財政難もありますが、義久（反秀吉）と義弘（親秀吉。例えば、88年に上洛し羽柴姓をもらっています）の対立（考えの相違）があったともいわれています。

義弘も「教科書」に出てこない意外な1人といえます。

秀吉の朝鮮出兵に関することで2件紹介しておきます。

まずは、梅北国兼の反乱について。1592年に家臣の梅北国兼が出兵に反対して、肥後国で反乱を起こしました。すぐに鎮圧されますが、歳久の関与が疑われ、秀吉から自刃を命じられています。歳久は無関係でしたが、反秀吉勢力の中心人物とされていました。

義久は、秀吉死去後の99年、心岳寺（現平松神社）を建て、歳久（56歳）や殉死者二十数人の菩提を弔いました。

もう一件は薩摩・明の合力計画について。明末の政治家・徐光啓《じょこうけい》の文書に、許儀後《きょぎご》から、文禄の役の最中に薩摩と明が協力して秀吉を討つという申し出があったと記録されています。許儀後とは義久に仕えていた医師の許三官で、許は、出兵計画を明に伝え、秀吉を激怒させたこともありました。明の工作員が薩摩に入り、名護屋城の偵察等も

平松神社

しており、明は計画を真剣に検討していたようでもあります。許が明と接触し続けていたのは確実で、義久はその後も許を重用しています。但し、日本側に史料は残っていません。

1594～95年にかけて、太閤検地が行われました。石田三成が中心となり、島津氏側からは伊集院忠棟が参加します。朱印状の宛名は当主義久ではなく義弘です。

この検地の結果、領内は91年の21万4000余石から57万8000余石（籾高）となります。籾高については、豊臣政権下で島津氏の格上げのためともいわれますが、詳しくは不明です。義久と義弘はともに10万石ですが、検地前義久は2万7000石、義弘は1万2000石でした（ここでも義弘優遇）。秀吉直轄分が加治木1万石、秀吉と島津家の取次役の石田三成が6300石等です。島津氏の財政の基盤拡大を図り、大名領主権を強化しました。朝鮮在陣中の義弘は、三成に対して「累年の本望此事に候」と述べています。家臣の反発は大きかったですが、家臣の全藩的所替え（召移し）も可能となり、以後の藩政に大きな影響を与えました。戦国大名から近世大名へ移行です。

なお、太閤検地は短期間で実施されたため不正確な面もあり、修正の必要から1611年の慶長内検では、籾・大豆1石5升＝高1石とし、61万9000石余です。32年の寛永内検では、籾・大豆9斗6升＝高1石と引き下げ、数値上の石高を高めます。

但し、道之島・琉球については、籾・大豆1石5升＝高1石のままです。

1599年、最後の内乱である「荘内の乱」が起こります。義久・義弘10万石に対し、伊集院忠棟が8万石、荘内（今の都城）を手に入れます。これに不満をもった義弘の子忠恒が忠棟を京都伏見の茶亭で暗殺（三成の激怒に対し、忠恒は一時、神護寺で謹慎）し、忠棟の子忠真が乱を起こしました。徳川家康の仲介（忠真を頴娃1万石へ）もありましたが、1602年忠恒は忠真を暗殺し、その後3人の弟も暗殺しました。

関ヶ原の戦いで西軍だった島津氏は窮地に追い込まれますが、徳川氏に対し、徹底抗戦の姿勢と和平交渉の両面で対応し、1602年には所領を安堵されます。06年には18代忠恒は家康の一字をもらい、家久と改名し、初代薩摩藩主です。琉球出兵の内諾も得ています。幕府は琉球に明との国交回復の仲介をさせようとし、島津氏は交易の利益が目的でした。同年には、大島出兵の計画もありましたが、義久の反対（時期尚早）で中止します。

1609年に琉球出兵をし、琉球王国を支配下に

【島津家久】

治めます。

3月4日に山川を出航（兵3000余）、順に奄美の島々を制圧し、1カ月足らずで、4月1日には那覇港に着き、首里城を占拠しています。圧倒的な武力の違いがあったのでしょう。ここに、島津氏は、薩摩・大隅・日向国諸県郡60万5000石余と琉球12万3600石（道之島の約3万4600石を含む）の計72万8000石余を支配する、加賀の前田氏に次ぐ天下第二の雄藩となります。但し、前述のように薩摩・大隅・日向国諸県郡分は、籾高1石5升＝米高1石として算定したため、米高にすると約50％減となります。

琉球出兵の際、副将を務めた平田増宗が1610年に処刑されています。増宗は義久の重臣で、義久の孫忠仍《ただなお》擁立を画策していたといわれます。義久死去は11年です。

1612年に明は琉球進貢を2年1貢から10年1貢としています。交渉の結果、10年後の22年には5年1貢にまで回復です。


薩摩藩の支藩である佐土原藩について。島津氏が秀吉に降伏した時、末弟の家久は、いち早く投降したため、4月下旬には日向国佐土原を安堵され、独立した大名となります。翌月、家久が病死（豊臣秀長陣所での毒殺説と、裏切りと見た島津方の毒殺説の2説あり）すると、甥の豊久が跡を継ぎます。豊久が関ヶ原の戦いで戦死すると、佐土原は没収されます。1603年に返還されると、義久の従兄弟の以久が日向佐土原2万7000石を与えられ初代藩主となります。

なお、清宮《すがのみや》貴子内親王（昭和天皇第5皇女子）と結婚した島津久永氏は、この佐土原家です。

15代貴久が居城とした御内城は、戦に明け暮れていたため「築地《ついぢ》一重の屋敷」といわれるほどの急拵えの館でした。家臣の方が堅固な城を持っている状態で、居城の建設が必要でした。新しい居城が今の鹿児島城（鶴丸城とも）で、1601年頃の建設開始です。築城当初は、背後の城山に本丸・二之丸を置き、麓に屋形《やかた》を置いて藩主の居所としていました。江戸後期になって、居所を本丸・二之丸と呼ぶようになりました。御内城に比べ、「少し手増《てまし》に御座候」という程度でした。

義弘等は「海が近く守りにくい」ということで反対でした（事実、幕末1863年の薩英戦争では、本陣を内陸に移しました）。中心部を流れていた甲突川の流れを変え、海岸を埋め立て、城下を広くしていきました。1645年の前之浜（城近くの海浜）築堤以後、3回の埋立が行われた他、天保年間の甲突川・稲荷川の浚渫《しゅんせつ》により、天保山と祇園之洲が埋め立てられました。地形の関係から、東福寺城を本拠地として後、現在まで鹿児島地域は南へ南へと発展していくことになります。

鶴丸城本丸模型（黎明館）

移転後、内城は本御内《もとみうち》と称し、大龍寺を建てました。寺名は貴久の戒名（大中）と義久の号（龍伯）から取られました。

なお、甲突川は西田橋より下流は、軍事的な必要から左岸はすべて堤防をつくり、右岸はありませんでした（大水は右岸へ）。このような対応は、住宅地等より重要な側を守るために一般的にとられた対応でもあります。

下は１８５９年の城下図で、城のすぐ東（地図では上）に造士館・演武館等があり、色の濃い部分は上級武士の屋敷です。

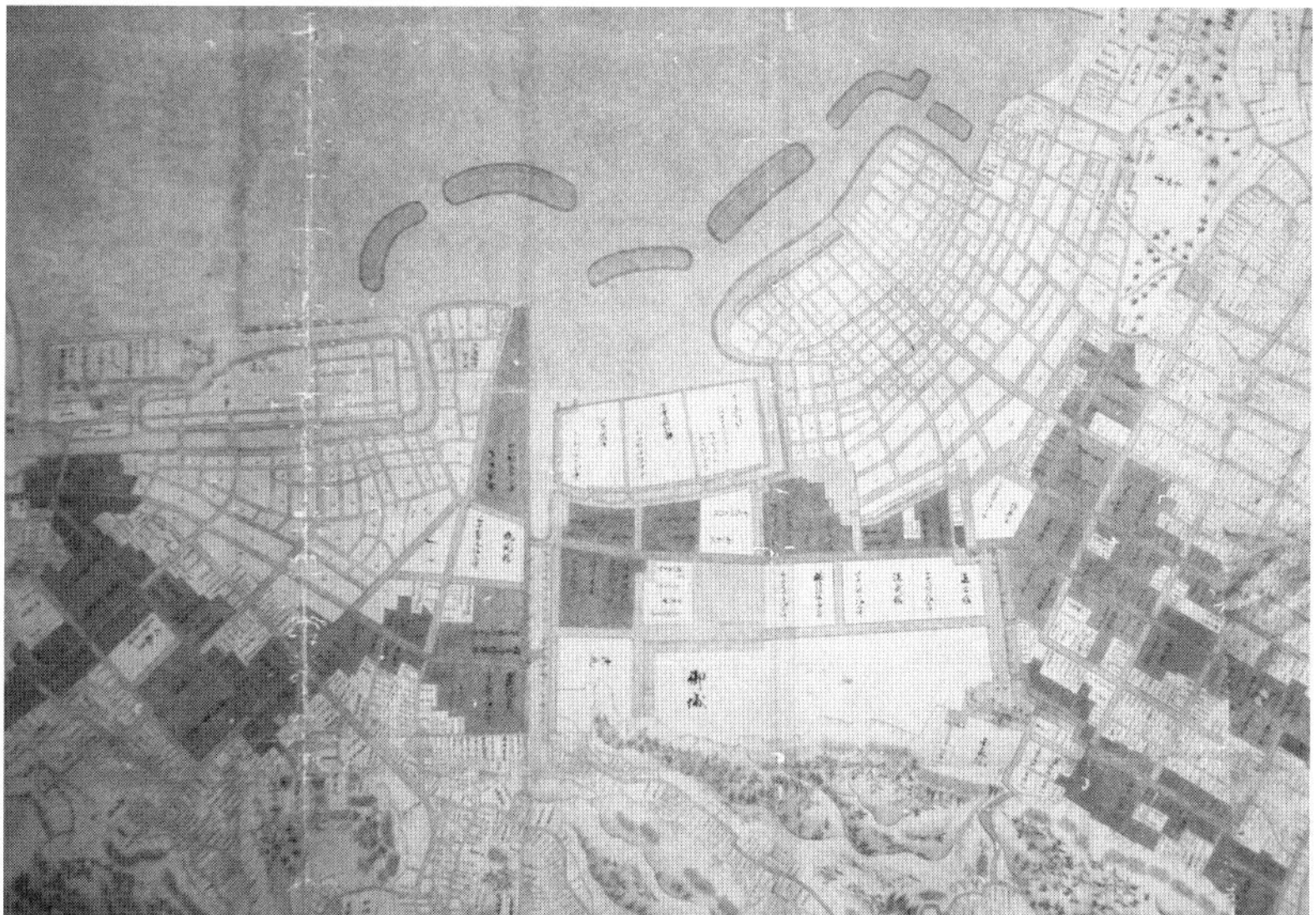

【城下絵図】

14　薩摩藩の成立（支配体制）

天下第二の雄藩となった薩摩藩ですが、その治政にはいろいろな特徴があります。ここでは、外城《とじょう》制度や門割《かどわり》制度等について述べます。

まず、外城制度について。外城制度は、中世の地頭・衆中制の流れをくむもので、中心部に地頭仮屋を設置し、周囲は「麓」という武士集落です。地域の行政を管理し、出兵の際は麓の武士が軍団を形成して地頭に従い動員される仕組みです。農業地の「在」、商業地の「野町」、漁業・水産業の「浦」等がありました。約５０００戸の城下士以外は外城士です。16代義久の時代に、大友氏や龍造寺氏を破り、九州統一寸前までいったことは前述しました。勢力の拡大は、家臣団の膨大を意味します。秀吉の九州征伐で薩摩・大隅の2国に戻りますが、家臣を減らしませんでした。すべての家臣を鹿児島城下におくことはできませんので、藩内を１１３（１７４４年の今和泉新設が最後）の外城（のちに郷）に分け、各外城に住まわせたのです。

外城の内訳は地頭所（藩直轄）92、私領（重臣の一門・一所持《いっしょもち》支配）21です。私領21は薩摩に13、大隅は種子島（種子島氏）を含めて7、日向国諸県郡は1（都城島津家）です。戦国時代に大隅の中心一族だった肝付氏と禰寝氏も薩摩に領地替え（前述）しました。本土の大隅6私領はほとんど鹿児島湾沿いです。

城下士の家格は時代で異なりますが、一門家（約3万石以上　幕末時の家数4　以下同様）・一所持（約1万石以上　21）・一所持格（約600石以上　41）・寄合（54）・寄合並（10）・小番《こばん》（760）・新番《しんばん》（24）・小姓与《こしょうぐみ》（3094）・郷士（在郷居住の士）・与力等があり、その下に士に準ずる足軽がいました。寄合並以上が上級武士です。上級武士の割合は、郷士などを入れない小姓与までの割合でもわずか3・2％です。

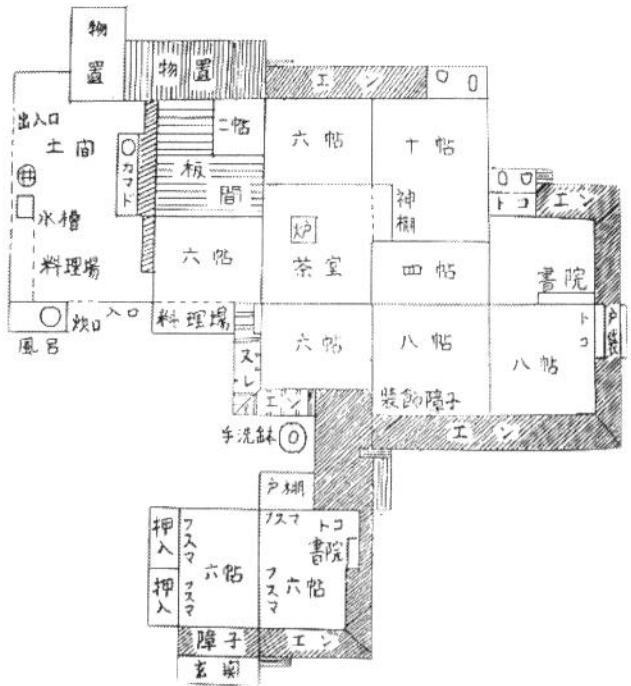

【新番屋敷図】

1615年に「一国一城」制になります。30年に幕府の巡見使が、外城について問い質したのに対して藩は、多くの武士は「旧恩ヲ思ヒ……二カ国ニ群衆」した、「人重《かさ》ミ米乏シ」いが、彼らを「追ハン事忍ビザル処」であり、幕府の「憐察ヲ仰グ」と苦しい答弁をしています。鶴丸城建設が01年で、城下屋敷の整備・完成が寛永（１６２４〜43）頃ですので、諸外城の地頭仮屋・役所等の整備は17世紀半ば頃と考えられます。

寛永年間に地頭や私領主はすべて鹿児島定府となり、居地頭から掛持地頭に変わっています（但し、離島は居地頭のまま、国境の要所には地頭代を置きました）。各郷の実際の政務は、「所三役」の噯《あつかい》・組頭・横目で、その他三十数種の所役がありました。他藩では農民の庄屋も薩摩では武士（１６３２年の寛永内検以後＝１１４ページ参照）で、役得が多いため、生活に困窮した者が任ぜられました。鹿児島城下は町奉行（地頭に相当）の、在郷野町（幹線道路に沿って点在する商人居住の街区）は郡奉行の、浦町は船奉行の支配下です。

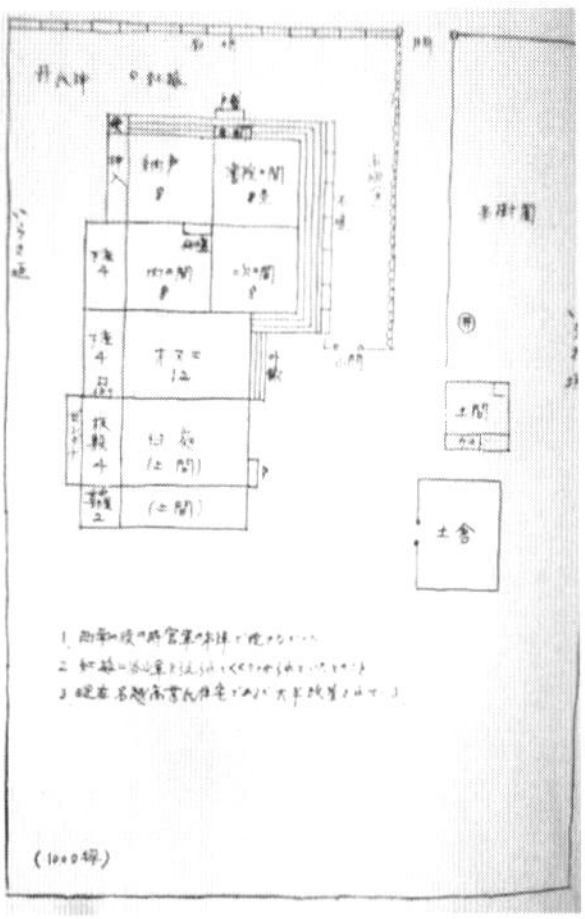

【噯屋敷図（谷山）】

諸外城の衆中も移動があり、在地土豪としての性格を一掃するとともに、国境の衆中数は平民数と同等か、それ以上になっていました。初めは皆「○○（地名が入る）衆中」といって違いませんでしたが、１７８３年から城下士・郷士と呼び分けました。噯も郷士年寄の呼び方です。経済面でも違いがあり、１６３９年では、城下士（１０１５人）は５００石以上の上級武士を除いた中・下級武士でも平均１０７石でしたが、郷士（８２０２人）は平均10石余です。日本全体で武士階級は約6%ですが、薩摩藩は約26%で、明治初期、全国の士族のうち1割は鹿児島士族でした。

1864年には、居地頭の配置、郷士を外城士へ、郷士年寄も噯に戻しています。

ここで、江戸時代の人口について（百の位は四捨五入）。

1660年代、薩摩17・8万、大隅11・5万、諸県郡6・1万、奄美3・1万の計38・6万人ですが、1772年には順に39・7万、23・4万、8・9万、7・5万の計79・4万人（資料数値のまま）です。おおよそ薩摩・大隅・奄美は2倍です。1852年には39・4万、15・7万、7・5万、8・5万の計71・1万人です。後期の約100年近くで8・4万人の減ですが、大隅の減（7・7万人）が目立ちます。前期に急増、後期は停滞というのは全国的な傾向です。前期は新田開発等が進み、長期にわたる高度経済成長時代でした。全国の田畑面積は、江戸初期164万町歩が18世紀初頭には297万町歩です（「教科書」203ページ）。

鹿児島城下の人口は、1800年前後、約5万〜5万8000人で、周辺地域を加えると約6〜7万人でした。江戸・京都・大坂の3都以外では、名古屋・金沢が10万人ほどで、鹿児島はこれに次いでいました。港町の堺と長崎が5〜6万人です。

1826年では、家来・足軽等を含めた城下士は5万2568人（70%以上）、町人はわずか4941人（6・8%）、その他在郷農民が17〜20%です。土地利用も「町は三分、武家は七分」といわれました。敷地も明確に区分され、間には松並木のある堤防がありました。

町人の中で、屋敷持を名頭《みょうず》、借家人を名子《なご》といいましたが、ほぼ町人4・4人に名頭1人という割合でした。


門割制度について。薩摩藩独自の農民支配制度ですが、年貢の徴収等を個々の農民ではなく、門・屋敷で掌握するという方法です。制度的に完成したのは18世紀の享保内検以後です。門は、長である名頭と、名子という複数の農家から構成される農業経営体のことで、屋敷とは、門より小規模な経営体です。「村（庄屋）―方限《ほうぎり》（名主）―門・屋敷（名頭）―家部（名子）」となります。幕末、城下近くの武村の組織は、庄屋1人、名主5人、名頭51人、名子102人です。名頭は世襲で、年貢等の記録や帳簿記入等もあるため、文字の読み書きができました。

門の規模として、初期は40石以上、18世紀に入ると25石前後、18世紀後半になって10～30石に分裂する傾向がありました。なお、農民が士その他の身分に転ずることは禁止でしたが、郷士・家来・野町人等が農民になることは認められていました。

1632年の寛永内検では、籾・大豆9斗6升＝高1石と引き下げても57万6000余石でした。石高が減少していますが、主に農民逃散による耕地の荒廃のためです。そのため藩は農政機構の整備を行い、新たな役職が増えたり、庄屋を農民から外城士へと変更したりしました。二十数年後の万治内検では、60万9300余石です。

1664年、琉球を除く領内は652村あり、内訳は薩摩258、大隅230、諸県郡164です。税として、門単位の高賦課と農民個々に対する人別賦課がありました。前者は年貢で、高1石(籾9斗6升)に対し米3斗5升(籾7斗)、後者は年間12日間の労役または1日5分の代銀で、他に人別出銀や織木綿(女子)がありました。

「八公二民(他藩は一般的に五公五民)」「公役は月35日」といわれますが、門高は実際より低く査定されていたり、浮免という年貢免除地があったりして、他藩に比べ、著しく負担が重かったわけではないと考えられます。但し、「潰《つぶ》れ門」という言葉もあり、厳しいことに変わりはありませんでした。

「門」を維持するためにとられたのが「人配《にんべ》」です。必要に応じて強制的に移住させるものですが、一般的には崩壊しかけた門に過大化した門から農民を強制的に移しました。「労名頭《つかれ》には慥成名子《たしかなる》、又慥成名頭には労名子与合せ」て行いました。代表的なものが、不適地まで耕作していた西目(薩摩半島)から未開墾地の多かった東目(大隅半島)への移住です。江戸初期から明治末まで続き、大隅の3分の1は移住者の子孫といわれます。地名や名字等になごりがあります。

鹿児島では、明治になって、名字をつける時、門名をつけた農民も多くいました。

年貢は一般的には米ですが、その地域独自のものもあります。奄美の砂糖、屋久島の屋久杉、七島の鰹節（後に真綿も）です。屋久島の享保期の蔵入高は1569石余で、貢納はすべて「平木」と称された屋久杉の小板（板瓦用）による代納でした。七島では七島節といわれた鰹節で、1842年中之島では、「無類の不漁」のため2年分の「鰹節5232本、七島真綿712匁」を「代銀上納」したいという願いが出されています。

農業の特徴的なものとして、農民が豊作を祈って作った石像の田《た》の神様《かんさあ》があります。領内のみで1800以上現存し、1705年のものが最古です。盗まれることを好み、盗んでまつると豊作という風習がありますが、薩摩では地蔵や大日如来をイメージした仏像型、大隅では衣冠束帯に笏を持つ神像型が多いです。

右下の「田の神様像」は、入佐地区（鹿児島市）のもので、珍しく山間部（山麓が水田か）に置かれています。

田の神様像

15　江戸期の琉球・奄美・トカラ

１６０９年の琉球出兵で、琉球王国は存続しますが、薩摩藩の影響下に置かれ、奄美は薩摩藩の直轄領です。但し、冊封制度の関係から、奄美は公式上は琉球王国領です。琉球が薩摩（日本）の支配下にあることは、明・清には隠していました。

そのため、琉球に対しては、１６２４年に「大和めきたる（大和のような）名字の禁止」をしています。横田を与古田へ、前田を真栄田へなど、漢字を変えています。大和との違いや独立国としての琉球を強調します。また、中国は一字姓のため、唐名といって、中国との交易の際には一字姓を使っていました。

奄美に対しては、表向きは「琉球之内」としました。そのため、島民の服装や容姿、名前を薩摩藩（日本）の人々のようにはしないようにしました。頭髪では髷と月代《さかやき》（髷が載っている部分）にしない（つまり総髪）、名前では五右衛門とか十兵衛とかにしないということです。

また、藩は奄美の人々をすべて「百姓身分」とします。１７２６年になって、佐文仁《さぶん》が開拓事業の功績を認められ、初めて外城《とじょう》衆中（＝郷士）格となり、田畑姓を名乗ります（但し、帯刀は日本人の姿のため禁止です）。その後、二字姓は不都合（琉球王国領、交易面でも一字姓が可）ということで、出身地（龍郷）の「龍」姓を名乗ります。西郷隆盛と結婚し、菊次郎・菊子の母となる愛加那は、この龍家の一人です。したがって、奄美では100年以上名字を持つ家はありません。外城衆中格になったのは幕末までに70世帯ぐらい（人口ではわずか1・8％）で、そのほとんどが「砂糖献上」によるものです。

田畑家墓地

琉球出兵を詳しく記録した「琉球入ノ記」は、主な貿易商人のいる場所として鹿児島・坊津・山川・七島をあげています。1632年の藩の家老から琉球在番奉行に宛てた文書から、七島衆の勢力がわかります。「七島衆は中国と交易をしている」「七島衆から藩が借金したい」「七島衆は琉球とも交易をしている。借金を琉球との交易条件としたい」「七島衆で琉球居住者もいる」等です。那覇市には「トカラ小路」の地名もあります。鎖国政策の強化により、貿易が制限され、最終的には禁止となり、江戸時代には船や操船技術はあるため、海運業者のような立場となります。なお、1709年、藩の「大船」230艘のうち「七島船」は40艘（約17％）です。

統治機構について。

琉球には、1611年に「掟一五カ条」が出されています。薩摩藩から琉球在番奉行が派遣され、鹿児島には琉球館（当初は琉球仮屋）が設置されました。奄美と琉球は政治的には断絶し、奄美から琉球への伝達は「代官（奄美）→琉球在番奉行（薩摩仮屋）→琉球王府」、琉球からは「琉球王府→琉球館→藩→代官」のルートになります。

奄美・トカラでは、藩から派遣された役人や島出身の島役人が中心です。

奄美では、1613年に大島奉行、16年に徳之島奉行が設置されます。23年には大島統治の基本方針である「大島置目之条々」が定められました。31年には、「道之島」が初見されます。奄美群島全体を琉球への「道之島」ととらえたのです。那覇世時代の大親役《ふうや》が廃止され、与人《よひと》が島役人の中では最高位となりました。33年には、派遣役人の最高位が「奉行（総責任者）」から「代官（行政官）」（例えば長崎には長崎奉行と長崎代官の2人がいました）に変わります。島の統治が安

代官所跡

琉球館跡

定したということです。

島役人については、由緒（例えば那覇世からの役人や家柄）ではなく、藩に協力する人を名家（衆達《しゅうた》）として取り立てました。身分上は派遣役人が上ですが、実際の島の統治は島役人が中心です。派遣役人は奄美大島で代官等8人です。この8人で島を治めたり抵抗を抑えたりすることはできません。与人が奄美全体で28人、他の役人は大島だけで140人、さらに下級の村役人は大島だけで728人です。

また、島役人には島内異動がありました。一般的傾向として、出身間切で下級島役を経験し、その後、他間切へ異動、与人になるまでに20～30年の経験が必要であり、与人になるのは40歳前後と考えられます。与人は、3年交代で、7年交代での異動もありました。与人は鹿児島に行くこと（上国《じょうこく》）もありました。上国制度の開始は1691年で、上国のための費用は島民負担です。鹿児島に行った与人は「上国与人」と言われ、殿様に「御目見得《おめみえ》」が許されるなど厚遇されました。

江戸前期は那覇世からの家柄の与人が多数ですが、後期には薩摩と

【与人の朝衣（チョウギン）】

薩摩役人の墓

つながりのある島役人（薩摩役人の子孫）が増えていました。藩役人と島の女性の通婚での子どもは島役人に取りたてられた（身分保障）ためです。

行政区画には那覇世時代の間切がそのまま用いられ、１間切は数集落から十数集落からなる「方《ほう》」または「噯」（噯は鹿児島では役職名ですが、奄美では行政区域名です）で構成されました。大島は7間切13カ方です。

口永良部島と沖永良部島について。１６３５年ぐらいまでは単に「えらぶ島」ですが、その後区別されます。但し、冊封体制の中、公的な国絵図などでは口永良部島と永良部島としていました。後者は公式には琉球王国領だからです。

トカラでは、島役人の最高位は「郡司《ぐんじ》」です。一般的には主に平安時代の国司・郡司です。もちろん、平安時代のトカラに郡司が置かれたわけではありません。中之島郡司の言い伝え（60ページ参照）を述べましたが、「郡司」の初見は１６９１年の宝島郡司です。

これには当時の冊封制度、薩摩・琉球・トカラの関係が複雑に関係します。琉球王国を支配下に置いた薩摩藩は、琉球国王を１６３５～１７１２年の間「琉球国司」と名乗らせます。冊封制度の中で、中国における「皇帝―琉球国中山王」の関係に対して、日本では「将軍―琉球国司」とするのです（この頃、他ではルソン国司やマカオ役人の南蛮国司もいました）。さらに、冊封制度の関係から、琉球は中国以外とは交易ができない建前でしたので、日本（薩摩）との交易を、琉球の「属島」であるトカラ（宝島）と交易をしている、としたのです。交易に関わる薩摩役人を宝島人とするのです。それでトカラの各島の長を「琉球国司」に対する「郡司」としたのです。

薩摩藩の琉球支配が中国に露見する可能性としては、琉球国王継嗣を認証する冊封使による滞留期間における発覚と、中国への漂流・漂着による発覚がありました。

前者について。冊封使節は500～600人、滞留期間は半年～1年にも及ぶ大集団です。1683年の使節に対して、「宝島人」を名乗りますが、髪形や着衣等から日本人と見抜かれていました。1718年には、七島郡司からの「宝島人」を使節に会わせたいという申し出を、藩は却下しています。「宝島は琉球属領」が通用しないとの判断です。以後、使節来航の際は、薩摩船は雲天港（今帰仁《なきじん》村）に移され、薩摩役人も城間《ぐすくま》村（浦添市）に隠れるなどの隠蔽策をとります。

後者について。1815年に、大島代官所の勤務終了の役人等49人や砂糖32万斤等を積んでいた船が中国の広東省に漂着しました。この時、この役人は「宝島在番勤務」と称しました。奄美（琉球王国領）の船が薩摩に向かうのは不都合だからです。漂着時の対応問答集として、唐琉球問答書（1738年）や旅行心得之條々（1753年）等があります。

以上のことをしても中国には見抜かれていました（中国も体面上、それを可とした）が、「宝島人」のことは、幕末まで受け継がれました。

例えば、１８５３年のペリー来航以前に、琉球には英仏等が来て開港・貿易を求めます。幕府や島津氏はある程度認める考えもありましたが、冊封制度の関係から琉球自体は絶対反対で、その理由は「琉球は小国で、産物も少なく、日用品等も中国や度佳羅《とから》島から買い求めるほどであり、貿易をする力はない」といったようなものでした。

また、斉彬も当初は造船事業を重視しますが、後には汽船（軍艦）購入に傾きます。１８５８年に琉球でフランスと交渉しますが、汽船購入は度佳羅商人の依頼とし、交渉に当たった家臣・市来四郎も度佳羅島医師と称しました。この時、貿易に関する態度が急変した理由をフランスに聞かれ、「度佳羅島人の慫慂《しょうよう》」によるが、琉球も「交易は富国の基なるを悟」ったからと答えています。交渉は成功しますが、斉彬死去のため中止となりました。この件については、フランスとの契約違反であり、慰謝料の可能性もありましたが、琉球役人である三司官が仲介しています。

１８２４年には、イギリスの捕鯨船が宝島で牛を略奪しようとした事件がおこります。在番役人の吉村九助が１人を銃殺する等、結果的に島を守ります（吉村は「切米五拾俵ヲ終身下与」）が、翌年、幕府の異国船打払令の一因となりました。

事件の報告を受けて、藩は島津久兼を大将とする２８０余人を送ります。「朝鮮征伐・琉球征討以後初テノ珍事」のため「見物人群衆致候」です。宝島は小島のため「陸宿」がなく、足軽などは船中に留まり、兵粮積船も港がないため「一里計リ沖」で待機、30余日滞在しますが、「異舟」も見えないため、「帰帆」しました。帰りは「風波強ク」「兵粮積船二艘今ニ行衛」がわからず、「命カラ〲」でした。

１８３７年には、日本人漂流民を送り届けようとしたアメリカ商船モリソン号を山川で砲撃し、退去させています（16ページ参照）。

イギリス坂（宝島）

16　一向宗・示現流・作刀・郷中教育

江戸期の宗教で特徴的なものに一向宗の禁止があります。はっきりした理由は不明ですが、他国の一向一揆の様子や、信長・家康等の苦労等からともいわれています。１５９７年の義弘の文書には「一向宗ノ事、先祖以来御禁制ノ儀ニ候条、彼宗体ニナリ候者ハ曲事タルヘキ事」とあります。

１６３５年、幕府のキリシタン改めにあわせて、一向宗の本格的な禁止です。琉球を含めた全領域で実施され、琉球を「王国」として認めながらも、強く干渉しています。55年には宗体奉行、宗体座が設置され、取り締まりも強化されました。全領民に宗旨改めを実施し、宗門手札を交付しました。7～8年ごとに宗門手札改を行い、明治維新までに30回ほど実施されました。みつかれば財産没収、流刑、斬罪、士族には士籍剥奪でしたが、弾圧があっても「かくれ念仏」（ガマと呼ばれる洞穴に集まり阿弥陀如来像を拝んだ）が続き、18世紀後期以降、各地に「講（信仰団体）」が次々と組織されました。

また、禁制ということで、領外逃散もあり、薩摩西海岸から天草へ隠れ渡る門徒が多くいました。

1798年には、諸県郡2800人が飫肥領に逃散します。飫肥領は貧窮から他国逃散が多く、人口不足だったため、逃散一向宗門徒はむしろ歓迎されたといわれています。

1828年の記録では、寺院1057カ寺で、曹洞宗や真言宗が多くありました。鹿児島での山元や坂元等の名字は、「本」の字を避けたためともいわれます。

関連する廃仏毀釈について。明治政府は単に「神仏分離」でしたが、薩摩ではすでに、斉彬の考えで時報鐘以外の梵鐘での武器製造計画がありました。1066寺すべてが廃寺、寺領は没収され、2964人の僧侶が還俗しました（3分の1は兵士へ）。仏像を神体としていた神社が多かったので、新しく神鏡を作らなければなりませんでした。寺請制度がなく、一向宗の禁止で民衆との結びつきが比較的希薄でもあり、僧侶の社会的役割が小さかったことも背景となります。

ガマ（鹿児島市郡山）

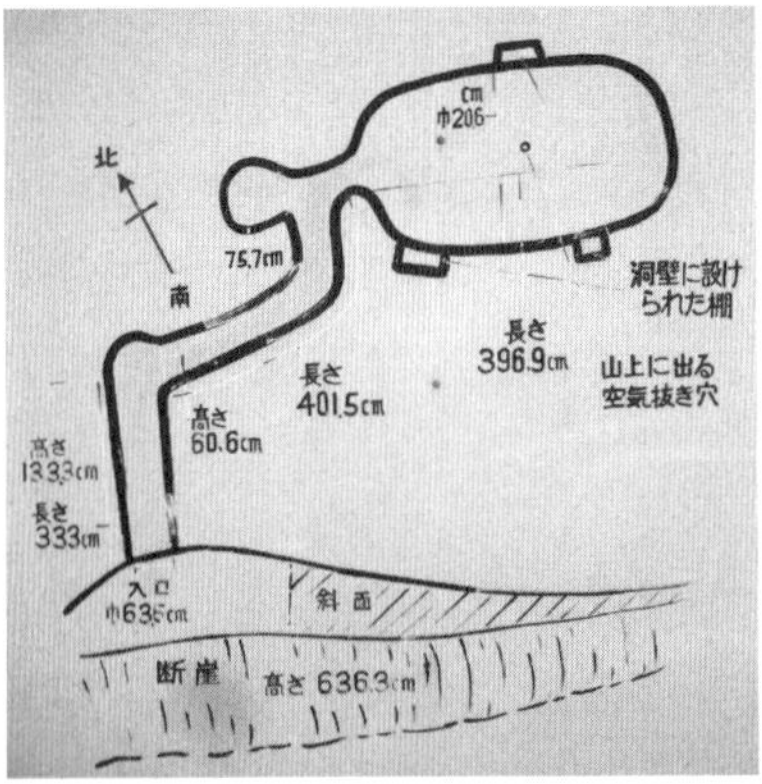

ガマ図（鹿児島市吉田）

一向宗の禁制廃止は1876年です。鹿児島県と宮崎県との合併（196ページ参照）があり、禁制ではなかった宮崎への禁教徹底は不可能と判断したためです。西南戦争時は、布教中の僧が政府軍のスパイと疑われたこともありました。明治末の寺院数150のうち129が一向宗（真宗）です。

剣術の示現流について。薩摩独特の兵法で、「一太刀の打ち」といわれます。流祖は東郷重位《ちゅうい》です。重位は最初は藩内の待捨流を学びましたが、1587年義久に従い上洛した際、天寧寺の僧善吉《ぜんきつ》から天真正自顕流を伝授されました（28歳）。その後、両兵法を総合して示現流としたのです。44歳の時、藩の剣術指南役を命ぜられました。本来は、自顕流でしたが、前述の文之が観世音菩薩経の「示現神通力」から改め、「示現流兵法」と称しました。柞《ゆす》の木を木刀に用いました。

27代斉興の時、「御流儀示現流」となります。

立木打の示現流と横木打を基本とする野太刀自顕流（薬丸流、重位の高弟の薬丸兼陳が創始した）が

こわされた仁王像

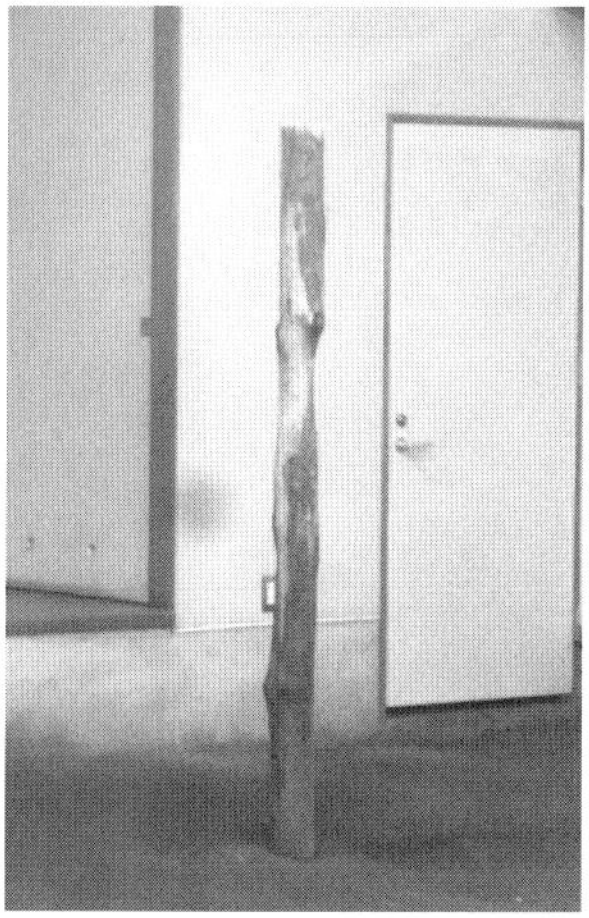

立木（示現流兵法所）

あります。自顕流ができても他流は禁止のため、約100年間は示現流のみで薬丸家6代までは示現流の門弟です。7代から別のものになりますが、維新期の下級武士はほとんど後者です。

作刀について。江戸前期までは大和伝の波之平が中心です。古い記録では、波之平の創始者は平安の頃、大和国の刀匠だった橋口正国です。名前の由来は、瀬戸内海で暴風雨の時、海神に刀を捧げ、安全を祈ると波が平になったと伝えられるためです。現存最古は猿投神社（愛知県）にある2代目行安の太刀（国宝）です。中興の祖といわれるのが、56代安張（寿庵）で、朝鮮出兵にも同行し、現地で数百本の刀を作りました。

波之平遺跡

谷山に笹貫という地名がありますが、3代目行安の時、作刀の切っ先に枝から落ちた笹葉が刺さったところから、名刀「笹貫」と称され、地名にもなったと伝えられています。

戦国〜江戸初期にかけて、全国的に相州伝が流行し、薩摩にも美濃の丸田氏房が来住し、代々続きます。この系統に宮原正清がいます。18代家久の勧めにより、波之平57代安行は相州伝を学んでいます。1721年、江戸浜御殿での鍛刀には全国から277人が参加して3人が選ばれましたが、その中の2人は薩摩の宮原正清と玉置安代（波之平系）です。その出来のよさを認められ、茎《なかご》（刀身の柄に被われる部分）に葵一葉を許され、宮原は主水正《もんどのしょう》、玉置は主馬首《しゅめのかみ》に任ぜられました。

郷中教育について。郷中とは本来方限《ほうぎり》の意味で地域を指しますが、江戸期には地域の青少年育成を目的とした団体のことです。現在でも郷中教育の教えとされる「負けるな」「うそを言うな」「弱い者をいじめるな」を校訓とする小学校があり、イギリス発祥のボーイスカウトは郷中教育にヒントを得たものといわれます。

郷中教育のきっかけは、秀吉の朝鮮出兵の際、留守役の新納忠元らが青少年の風紀の乱れがないように、二才《にせ》が集まって武士道を鍛錬する組織をつくったことといわれます。郷中教育の基本ともなった「二才咄格式定目《にせばなしかくしきじょうもく》」は、武道を嗜み、「山坂達者」を心がけ、忠孝の道に背かないよう、強く武士の守る道を説いています（従来、忠元作と言われましたが、忠元作ではありません）。

その後、城下の与《くみ》編成が地域ごとになり、郷中の組織は整備されました。25代重豪の時は、造士館・演武館ができ、郷中との二重教育がなされ、さらに、28代斉彬は藩政改革を進める中で、青少年教育も重視し、郷中教育のあり方を一変させせました。

郷中の成員は、小稚児《ちご》（6、7～10歳）、長稚児（11～14、15歳）、二才《にせ》（14、15～24、25歳）、長老（妻帯者）に分かれます。1日の生活は、小稚児は起床後、先生宅で書物習い、朝食後、集合して稚児頭のもと心身鍛錬、その後、長稚児の指導で書物習いの復習、午後4時から日暮れまで稽古場で示現流（自顕流）の練習というものです。長稚児は、夕方には二才衆の夜話の座元に出かけ指導を受けます。

二才は役所等からの帰宅後、午後4時から稽古場で稚児の稽古をつけた後、お互いの稽古、夜は各自輪番に座元を決め、軍書を輪読し、また「詮議」をしました。詮議には、通常詮議（忠孝・武士道を根本にした設問）と生活詮議（主に稚児の生活指導）がありました。

郷中で起こる問題は二才で処理し、できない場合は長老に相談しました。長幼の序は厳密でしたが、親密な交際でした。

郷中教育の特徴として、①「古《いにしえ》の道を聞いても唱えてもわが行いにせずば甲斐なし」（島津日新斎「いろは歌」）のような実践的な教育、②地域社会が自発的に実施した教育、③年齢集団的な段階的な教育、④「山坂達者」を重視した鍛錬教育の4点があげられます。

特に③については、次の3点が考えられます。

ア　年齢的に近い集団と異年齢集団から構成されており、前者は能力差がないためお互い切磋琢磨（競争原理）でき、後者は強力な同胞意識や、協力・強調・思いやりの精神が育つ。
イ　近くに年長者という自己実現を遂げるためのモデルが存在し、到達目標が明確である。
ウ　教える者も学ぶという師弟同行の中で一体感が生まれる。

このような教育方針で、特に明治維新期に多くの人材を送り出し、指導的な役割を果たしました。明治以後、地域で育てる伝統は、「学舎」と呼ばれる施設へと発展していきます。

このような一面があったのは確かですが、他方、多くの歴代藩主が青少年に対して、もっと学問に励み品行方正であるよう文書を出しています。玉利喜造（初代鹿児島高等農林学校長）は回顧して、年長者の年少者へのいじめもあり、これまで仲良く遊んでいた年少者の間に「何等事由なく、突然（年長者の）命令に依り懸命の争闘をなさしむ、実に惨酷非道も甚し」「斯くして出来上りたる鹿児島人の気質性格は以て察すべきなり」としています。明治中期に出版された『薩摩見聞記』（２０１ページ参照）でも、人格形成や教育効果でのマイナス面も指摘されています。

幕末時に斉彬の改革や薩英戦争等、藩全体が一体となってまとまるようになり、郷中教育のプラス面がより顕在化していたといえます。

17　財政難と治水工事

江戸期の薩摩藩の財政について。

薩摩藩の財政は江戸初期から厳しいものでした。戦国期の三州統一以来の戦乱が続き、経済的に困難を極めていたことが大きく、１６１９年には家臣に対して上知令（土地没収命令）を出すほどでしたが、大まかには34年の藩債は約13万両、38年19代光久の襲封時には江戸での起債が不可能になっていました。

参勤交代も大きな負担です。島津氏は最も遠方で、江戸～鹿児島間は約４４０里（約１７００㎞）です。大まかに前期は鹿児島～大坂は海路で後は陸路、後期はすべて陸路をとりました。日数は40～60日前後で、人数は初期は２０００～３０００人で、次第に減少し、１７９０年は５５８人です。費用は、１７２０年では、約１万７５２０両でした。

また、江戸城修築手伝を中心とする幕府への「お手伝普請」も１６０６～57年の間に9回に及んでいます。57年の江戸大火の時は、諸侯の中で薩摩藩上屋敷だけ建て替えに着工できなかったといわれています。

ちなみに、薩摩藩は72万石ですが、これは籾高で米高では36万石です。膨大な家臣団のため半分以上は給地高（家臣分）で、実際の蔵入高（収入）は13万石（1石＝1両）程度です。藩債は1710年には約35万両、京都・大坂が中心で国元が約7万両弱です。55年の木曽川の治水工事で約40万両かかり、25代重豪襲封の翌年には約89万両となっていました。

さらに、1819年には大坂の銀主が藩への貸出を一切拒否したため、以後は高利貸に頼る他なく、27年には一挙に500万両の負債を抱えることになるのです。当時の大名貸しの利息は年7分ですから、利子だけで35万両になります。藩の年間収入の全額を返済に充てても利子の半分も払えない状態でした。

財政難に対して藩は、鉱山開発、新田開発、特産品開発、倹約の徹底等を実施します。19代光久の代では、永野金山、芹ヶ野金山、鹿籠金山を開発しています。1655〜1850年までの金産出量は、4150万6000両の巨額です。

また、1657〜59年まで万治内検を行い、新田開発は、58〜81年の24年間に大隅串良郷に

2万4000石、国分郷新川に5000余石の他、用水工事で加治木で5000石、高山で2000石です。島津久通（宮之城郷領主）は前述の金山開発や林業・紙漉・茶業等の開発を行い、家老禰寝清雄は、20代綱貴の代にかけて、産業振興に努力し、後に財政の有力資源となった櫨や茶樹、楮の植栽に努めました。伊勢貞昌等の名家老もおり、困難な財政事情も緩和されました。

光久は、1658年島津氏別邸として磯の仙巖園を作っています。

20代綱貴も財政再建に努力しますが、世の中が元禄の驕奢時代であり、支出も増大します。さらに1680～1703年の間に鹿児島は5回も大火（うち2回は放火）に見舞われ、96年の大火では、鶴丸城焼失です。1702年に江戸高輪・芝藩邸焼失、翌年には地震のため桜田藩邸損壊と続きます。寛永寺の本堂造営も命じられています。鶴丸城のすべての復旧・落成は、07年です。

なお、1713年には、防火対策として、現在の中央公園（鹿児島市）付近にあった6カ所の上級武家屋敷と諸役屋敷1カ所の移転を命じ、空き地には松・杉・桧等を植え、一種の防火地帯としています。25代重豪が73年造士館を造るまで、60年間防火地帯でした。

現中央公園付近

財政に関するものとして婚姻もあります。1729年に22代継豊が5代将軍綱吉の養女竹姫（清閑寺家の娘）と結婚（将軍家との初の血縁関係）します。竹姫は宏大な御守殿住まいで、御付女中は二百数十人でした。その竹姫は25代重豪の養育にあたり、後年の開化政策は竹姫の影響ともいわれますが、重豪夫人に義弟一橋宗尹《むねただ》の娘を迎えます。娘が亡くなると、妊娠していた側室の子が女子なら徳川家へ、と遺言します。これによって一橋治済《はるさだ》の嫡男豊千代と茂姫が婚約します。後年、豊千代が家治の養子となり11代家斉、茂姫は御台所（本来、御台所は皇族または摂関家の娘でしたが、家治が竹姫の遺言を尊重したため）となるのです。将軍岳父となった重豪の代は、他に大名家との婚姻や養子縁組先も多く（以前は対家臣との婚姻が多かった）、出費増の一因となりました。茂姫も入れると13組で、26代斉宣の時は6組です。

なお、13代家定の御台所となった篤姫については、将軍家から求められた（茂姫の好前例の関係）ものであり、初めから将軍後継問題を見据えたものではないとされます。

このような財政難に追い打ちをかけたのが、24代重年の代の木曽川治水工事です。

1753年、工事手伝いの幕命を受けます。工事前の藩債は、すで

薩摩義士碑

に50～60万両になっていました。莫大な費用を要する難工事のため対幕府強硬論も出るほどでしたが、翌年2月に工事着手です。総奉行は家老平田靱負《ゆきえ》で、総人員は足軽まで５６０余人、家来・下人が３８０人、計１０００人ほどです。工事は幕府の企画設計で、幕吏の監督の下ということで、費用も、実際の苦労も、より大きくなりました。

平田靱負銅像

当初10～15万両と見積もりますが、30万両が必要とされ、大坂商人から約22万両を借り入れ、残りは領内の増税・借上《かしあげ》です。１年３カ月に及ぶ難工事でしたが、工事内容は１９５９年の伊勢湾台風にも耐え、濃尾平野を守ったほどです。必要経費は40万両です。

自刃者51人・病死者33人が出たのですが、「腰物にて怪我致し相果て候」と幕府を憚ったもので、完成の翌月、幕府の検分直後に平田も自刃します。遺体は、平田が京都伏見大黒寺、他は岐阜・三重両県の十数寺（一向宗寺院ではありません）に埋葬されています。重年の心労も重く、工事終了後の翌55年に病死しています。

１７５５年は細かい記録があり、藩債は89万６７５０両余（江戸３万９９００両、京都25万５０７８両、大坂53万７４１１両、国中５万３６６０両等）に上ります。

治水工事については、明治期に三重県の西田嘉兵衛が広めたのがきっかけとなり、１９００年、海津町油島の「宝暦治水之碑」建立を機に広く世間に知られました。27年には治水神社が創建されました。鹿児島では、20年に薩摩義士碑が完成しています。建立が大正期ということで、「平田正輔君」や「喜右衛門君」等と記されています。平田靱負の銅像建立（平田公園）は、54年です。

25代重豪の代も、１７７２年桜田藩邸焼失、79年の桜島大噴火（安永噴火）による田畑数万石の被害、81年・89年の芝藩邸焼失、86年に田町・桜田藩邸火災、風水害で82年・84年に９万１２５６石、86年に39万８０００石の被害と災難続きでした。

倹約については、どの藩主も一汁一菜等倹約につぐ倹約に努めます（特に23代宗信が有名で、家臣の風俗も一変したといわれます）が、常識的な対策では対応できなくなっていました。

18　流人

鹿児島は本土最南部、そしてその南方に多くの離島があるため、流人や隠れ人となった人が多くいます。県外人と県内人とに分けます。

古代、律令制度では、刑は笞《ち》・杖《じょう》・徒《ず》・流《る》・死の5種類で、流刑については、近流《きんる》・中流《ちゅうる》・遠流《おんる》の別があり、南九州は遠流です。

まず和気清麻呂について。769年、女帝の寵愛を受けていた道鏡の天皇就任問題に関して、清麻呂は宇佐八幡に出向き、「道鏡を排せよ」という神託を毅然と述べたため、道鏡の怒りを買い、別部穢麻呂《わけべのきたなまろ》と改名の上、大隅配流になりました。道鏡失脚の翌年、赦免されて帰京しますが、「隼人の国」である大隅への配流は重い刑といえます。このような皇室への功績から戦前は10円紙幣にも使われ、流謫の地には和気神社が建てられています。

斉彬が視察の際、側近の八田知紀に命じ、調査の結果、配流地を確定しました。

なお、道鏡を皇位に、との神託を奏した阿曽麻呂は、多褹島守（後に大隅守）に左遷されています。また、8世紀を中心に熊毛地区では、大神多麻呂、大伴上足、芽原王、長舎王等の配流がありました。


俊寛について。1177年、平家打倒の鹿ケ谷の密謀が発覚し、平康頼・丹波成経・俊寛僧都が鬼界ケ島（三島村の硫黄島）に流されました。翌年には中宮出産の大赦があり、康頼と成経は許されますが、俊寛には許し文がありませんでした。俊寛の嘆きを平家物語は、船に取りつき「ただ理をまげてのせ（乗せ）給へ。せめては九国（九州）の地まで」と述べています。但し、この島は貴重な硫黄の産地であり、硫黄の交易のため九州から商人たちが来島する航路上の1地点でした。流された3人についても、成経の岳父平教盛が所有する肥前の鹿瀬荘から生活必需品を島に送っていました。

なお、天文館（鹿児島市）付近（船出の地）には「俊寛の碑」があります。明治中頃までは堀があり、俊寛堀と呼ばれていました。

俊寛の碑

硫黄島には、俊寛の他、13～14世紀にかけて、平俊基や文観僧正（鎌倉幕府倒幕の調伏）等4人が流されています。

近衛信輔（のち信尹《のぶただ》、近衛家17代当主）について。秀吉との対立から、文禄の役の際朝鮮に渡ろうとして名護屋まで出向いたり讖言もあったりして、1594年勅勘を蒙り、薩摩（坊津）配流（3年間）です。平安末期、坊津は近衛家の荘園地であり、近衛家と島津家は代々深いつながりがありました。心細い述懐もしていますが、義久の厚遇も受けています。滞在中、〝元服親〟であった織田信長の十三回忌の法要を一乗院で営んでいます。後に関白です。和歌・絵画等に優れ、特に書道は「寛永の三筆」と称せられました。

近衛藤と屋敷跡

関ヶ原・豊臣氏関係について。西軍だった宇喜多秀家は、戦後、義弘を頼って薩摩に落ち延びました。島津家や前田家（妻が前田利家の娘）の助命懇願により死罪を免れ、後に八丈島流罪となりました。前田氏の仕送りを受けた島の生活は50年に及びました。

大坂の陣で豊臣方についたキリシタン武将に明石掃部《かもん》がいます。戦後、明石の子小三郎は鹿児島に潜伏していました。1633年、家臣の矢野主膳が教徒であることが発覚し（矢野は桜島で火あぶりの刑）、関係者の供述によって小三郎の城下潜伏が判明し、桜島で捕らえられました。かくまった関係者に、19代光久の外祖母の永俊尼がおり藩をあわてさせますが、永俊尼一家20余人は種子島へ遠島となりました。また、鹿児島市谷山には「伝秀頼の墓」（宝塔）があります。豊臣秀頼が薩摩に落ち延びたというものですが、谷山には「谷山の犬《いん》の食い逃げ」という言葉も伝わっています。犬＝印で、お金を払う習慣のない豊臣家の印を持つ秀頼といった意味です。但し、この宝塔は鎌倉時代のもので、郡司谷山氏の供養塔と考えられます。

1869年に長崎浦上のキリシタン信者4000余人が捕らえられ、鹿児島には375人が送られましたが、そのうち46人は棄教しました。藩は山すそに竹矢来を作って囲み、外部との往来を禁じますが、「キリシタンぞうり」や製薬方で竜胆丸を作り比較的好意的に迎えられました。キリスト教が認められた72年に戻ります。滞在中58人が病

伝秀頼の墓

キリシタン墓

死、13人が生まれました。福昌寺には58人のキリシタン墓（現在のものは、1905年に鹿児島教会のラゲ神父が、散在した墓を1カ所に集め建立した記念碑）があります。

県内の流人としては、江戸期の文化朋党事件（近思録崩れ）と嘉永朋党事件（高崎崩れ、お由羅騒動）等が中心です。

文化朋党事件について。重豪の後継の26代斉宣は、1805年に『亀鶴問答』を著して、忠孝文武を諭し、財政再建を図ります。07年人事刷新を図り、近思録派と呼ばれた樺山久言・秩父季保等を抜擢します。重豪時代の事業縮小だけでなく、幕府に15万両借用や参勤交代の15年間免除、琉球貿易の拡大等を願い出る等の無謀な計画もあり、重豪の怒りを買い、09年斉宣は隠居、近思録派は失脚しました。13人が切腹、100人余が遠島・御役御免等の処分を受けました。遠島者の1人に伊地知季安がいます。季安は後に子の季通とともに膨大な『旧記雑録』（特に薩摩藩の研究には欠かせない史料で、『鹿児島県史料』として県より刊行）を残しました。また、宝島に遠島となった本田助之丞は、24年の宝島事件（123ページ参照）の働きが認められ、「種子島へ島替」です。

嘉永朋党事件について。1850年、40歳を過ぎても藩主になれない斉彬擁立派による反対派の暗殺計画が発覚し、首謀者の近藤隆左衛門や高崎温恭ら13人が切腹、17人遠島等、50余人が処罰されました。斉彬自身は擁立派の性急過ぎる動きを懸念していたともいわれます。主な遠島者に名越左源太（貴重な奄美研究書の『南島雑話』等を残した）や大久保利通の実父・利世、首謀者の嫡子だった近藤金吾（沖永良部島へ）と高崎正風（奄美大島へ、明治政府に歌人として重用）等がいます。

その他の遠島としては、「公儀御預」として藩外の流人、「親類の願い」によるもの、一向宗やキリシタン禁制に関するもの、ユタ（神がかりして口寄せし病気治療等を行った）への弾圧等があります。琉球王国下のノロには利用価値もありましたが、ユタは不安や迷信を煽る存在とされたためです（逆に島の生活に溶け込みユタになった流人もいました）。1816年と64年には、徳之島の母間村と犬田布村の農民の騒動（一揆）があり、関係者が他島へ流罪です。

個人名では、江戸で藩留学生への監督責任を問われた重野安繹《やすつぐ》

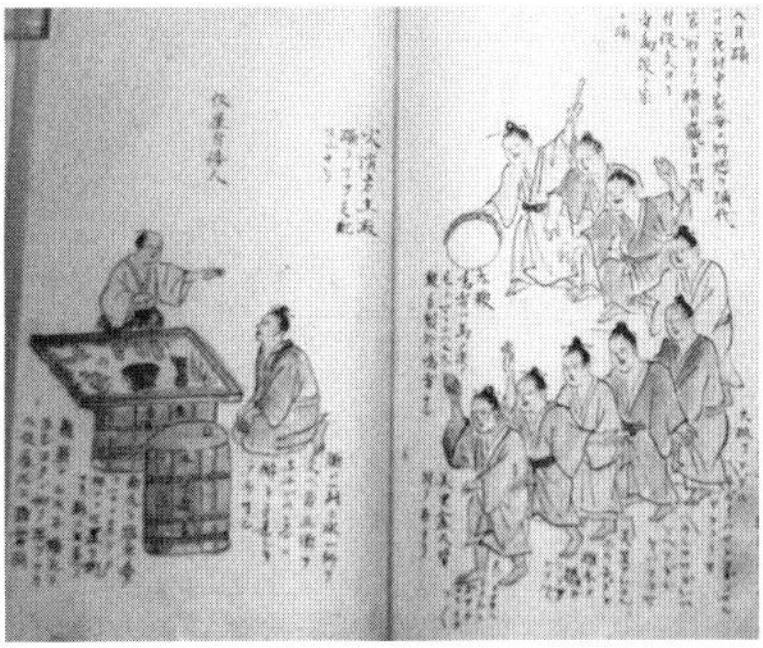

八月踊り（南島雑話）

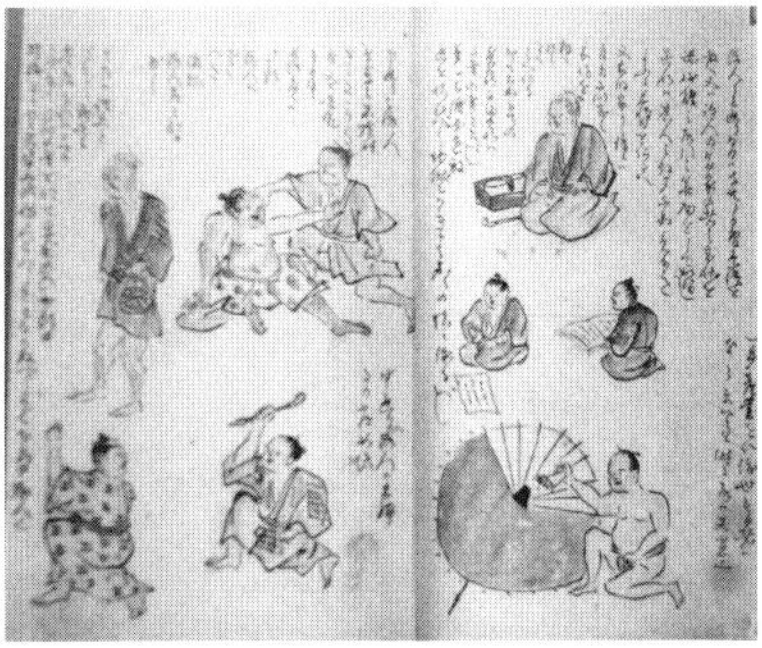

流人（南島雑話）

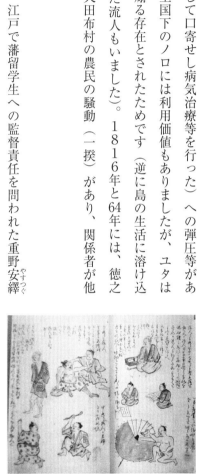

（歴史学者で最初の文学博士、東大史料編纂所を設立）、「名刀波平」を偽作したとして刀鍛冶の奥元安、禁漁区の山で雉を射ったとして示現流藩主指南役の東郷藤十郎、藩兵法（甲州流）を批判した軍学者の徳田邑興、書家の川口雪蓬（久光秘蔵の書を質草《しちぐさ》にして酒代に換えたからといわれます。配流中に西郷隆盛と交流があり、赦免後、西郷家の家令）等がいます。西郷も2回の遠島ですが、1回目は単なる「潜居」で、2回目は久光の勘気にふれた遠島処分です。

1852年の記録では、奄美大島で人口約4万人弱のうち流人346人、徳之島で流人195人、沖永良部島で流人82人等となっています。おおよそ各島の人口の1％程度が送られてきた人です。奄美は琉球領という建前から、流人も月代と帯刀は禁止です。生活に関しては、概して藩士は比較的監視も緩やかで便宜もありましたが、農民・町民は生活の保障もなく厳しいものでした。遠島後は赦免されたり島で亡くなったり様々ですが、知識人や何らかの特技を持っている人も多く、私塾を開く等島民に影響を与えました。

19　島津重豪と調所広郷

「教科書」には、鹿児島出身・関係の人物として、27人（6人は重要人物）が記述されていますが、藩での存在の大きさ、その後への影響の大きさ等を考慮すると、25代重豪が出てこないのは意外な感じがします。「6人は誰か」と問われて、重豪を思い浮かべた人も多いと思いますが、日本史全体に対する影響・位置という視点からすれば「そうかな」とも思います。

重豪（1745〜1833）は、父重年の死去に伴い、1755年藩主となります。進取の気性に富み学問好きで、歴代オランダ商館長や商館医シーボルトとの親交もありました。成長してからは「蘭癖大名」ともいわれ、積極的な開化政策を次々と実施します。城下に、73年藩校の造士館、演武館、74年

【島津重豪】

医学院、79年に明時館（天文館）を造り、薩摩暦を発行しました。薬園も設置しました。造士館等については、土地は防火地帯（134ページ参照）を利用し、伐採した樹木で建物を建設しました。学者の協力を得る中で編纂した書物は、「南山俗語考」（中国語学書）、「島津国史」（藩の正史書）、「成形図説」（農書・動植物百科全書）等があります。商業発展のために他領との往来も活発にしました。「繁栄方」を設置し、大いに上方風を取り入れました。1818年に鹿児島入りした頼山陽に「驚き入り候は、薩摩の紛華に御座候」と言わせたほどでした。

子どもにも14男12女と恵まれ、特に三女茂姫は11代将軍家斉の御台所（広台院）に、男子も他家の藩主（奥平昌高、黒田斉溥《なりひろ》、南部信順《のぶゆき》）になります。特に、黒田斉溥は28代斉彬と年も近く（大叔父―大甥の関係でありながら、斉彬が2歳年上です）、なかなか藩主になれなかった斉彬の後援もしています。87年、家斉が将軍となると、それをはばかり隠居して高輪藩邸に住みます。在位50年（1787～1837）の将軍の岳父ということで、訪問者が多く「高輪下馬」の世評もありました。

造士館

重豪は大きな勢力をもちますが、開化政策と相まって財政を破局に追い込みました。財政再建に対し、①徹底した緊縮政策を取る、②参勤交代の供揃えの人員削減、③大坂の債権者である銀主と直接交渉、④自ら一汁一菜に改めるなどしましたが、凶作や江戸藩邸火災（137ページ参照）もあり、あまり効果はありませんでした。

なお、鹿児島市の金生町の名称は、元は木屋町です。下町に火災が多かったので、重豪が金生町に変えました。五行説（木・火・土・金・水）の「相生」（順送りに相手を生み出していく陽の関係）では、「木生火」「火生土」「金生水」等となります。「木」屋は火事につながり、「金生」は「水」（消火）につながるということで、1829年幕府の許可を得て変更です。許可を願い出たのは、徳川光圀が水戸城下の「木町」を「金町」へ変えた先例があるためです。明治期の読み方は、「かなふまち」（県勧業課長の白野夏雲著「かごしま案内」）です。

調所広郷（1776~1848）について。城下の上町生まれ、13歳で茶道の調所家の養子になり、

調所広郷屋敷跡

調所広郷銅像

23歳で重豪付の茶道です。1811年には御茶道頭、新番に昇格します。但し、無高無屋敷の窮状は変わりません。13年御小納戸勤務で蓄髪して笑左衛門広郷と改名します（38歳）。実績を買われ、22年町奉行、25年御側用人。翌年には変名潜行して大坂の経済事情を調査しました。この頃、重豪が1810年以来、琉球輸入唐物の一定量の販売特許を得ていたため、これを利用して密貿易による唐物商法で利益を上げ、褒美を得ています。

こうして27年に財政改革主任の重大使命が下ります。御側用人でありながら、家老以下諸役人の指揮を委ねられます。

財政改革といっても、利子も払えない巨額であり、通常のやり方で成功するはずもなく、奄美大島・喜界島・徳之島の砂糖販売（156ページ参照）、藩債の250年賦償還法（利子をつけず元金分のみ1年間に2万両ずつ返済すること）の確立、密貿易等、大胆な改革を行いました。冗費の節約も徹底的に行っています。

改革資金のため大坂商人の協力を得ようとしますが、当初は相手にされません。その中で1828年、大坂商人の出雲屋孫兵衛や平野屋彦兵衛らが新組の銀主となります。調所は確かな財政計画と保証を示し、黒糖について「永年相続申付候事」という文書を渡しています。特に出雲屋孫兵衛には破格の待遇を与えています。

29年からは佐藤信淵の『薩藩経緯記』（1827年頃の著作）を参考にし、菜種や米の改良、藍玉製造、硫黄採取法改良、楮植栽改良等に取り組んでいます。一般に250年賦償還や密貿易等がいわれますが、このような殖産興業も大きな利益をあげます。

貿易（密貿易）について。薩摩藩は琉球口貿易を大いに利用します。調所登場前の1818年には「唐物方《とうぶつほう》」を設置し、幕府の許可を得て貿易の一層の拡大を図ります。中国商品を琉球からの貢納品として入手します。

25年には、中国人商人から長崎奉行へ、琉球口からの唐物が日本国内に出回っている、上質で安価な昆布・干鮑等の俵物が琉球口から中国国内に入っていて商売にならない、という訴えもありました。松前から長崎へ向かう船から途中で薩摩藩が俵物を買い上げていたのです。

35年には、勘定奉行から、新潟付近で薩州船へ密売、薩州船を外国商船（琉球船）に仕立てて松前へ、という上申書もあり、長岡藩領に漂着した薩州船から大量の禁製品も発見されました。36年には、江戸と新潟で密売組織が摘発されます。新潟で抜荷が続き、藩の許可を得ていた富山の売薬商人の薩摩組が俵物を藩へ引き渡し、中国製の薬種を譲り受けていたことが発覚したのです。

老中水野忠邦は39年に琉球口貿易の禁止、43年には新潟を天領としますが、まもなく水野が失脚し、46年には琉球口貿易は復活します。密貿易といいながら、全国レベルの大規模なものだったのです。江戸前期、坊津等を中心として貿易商人が琉球貿易を大々的にしていたものとは、その内容が異なります。

30年には、重豪・斉興の朱印書が下付され、①翌年からの10年間に50万両の積立金をつくる、②他に平時ならびに非常時の手当金もできるだけ貯える、③古借証文を取り返す——の3大目標が示されます。出雲屋（後に浜村姓）孫兵衛・三原経福・宮之原源之丞らとともに三島砂糖惣買入に着手します。

33年重豪が亡くなりますが、斉興の信頼を得て広郷は家老就任です。35年には、250年賦償還法を決定します。債権者の借用証文を取り上げ、代わりに通帳を渡します。翌年には幕府へ謝恩金として10万両献金するとともに、大坂・京都で施行しました。領内の債権者に対しては、元利とも渡さず、証書差出者を士分取り立てという身分上の恩典のみです。なお、浜村孫兵衛は大坂商人の訴えから堺に所払いとなりますが、41年には大坂復帰（120人扶持）です。翌37年江戸で施行です。39年には三島（156ページ参照）で羽書《はがき》を発行して通貨

高麗橋

玉江橋

停止です。40年までに50万両を貯蓄しました。
その後、曽木川疎水工事、出水や国分の新田工事、天保山造成、鹿児島港の整備、城下の諸施設の修繕・改築、堤防修繕、甲突川・稲荷川の石橋設置等を行いました。これら改革中の営繕費用は200万両に及びました。

また、西欧列強の圧力が増す中、軍制改革にも取り組みました。42年高島流洋式砲術の採用、44年鉄砲製造所・銃薬製造所建設、46年上町上築地（現石橋公園）には「鋳製方《いせいほう》」を設置します。青銅砲やゲベール銃を製造し、沿岸要所に台場を築き、青銅砲を設置します。47年甲州流軍学を洋式へ、軍役負担の基本となる給地高の改正に着手（これが藩士の反発を招き、失脚の一因ともなります）、吉野原で洋式鉄砲隊1000余人の大調練を実施しました。

48年、密貿易の責任をとって、江戸の桜田藩邸で服毒自殺します。斉興は、子を稲留数馬と改名させ、用人に再起用し、庇護しています。
斉興は、なかなか斉彬に家督を譲りませんでしたが、50年12月、将軍家慶から隠居勧告の茶入「朱衣肩衝《あけのころもかたつき》」を与えられ、翌年隠居です。

20　奄美の砂糖

江戸期の奄美は、砂糖による時期区分でいえば、1期（1609〜90年頃）、2期（1690年頃〜1747年）、3期（1747〜1830年）、4期（1830〜67年）に分けられます。

2期と3期の区別は、換糖上納開始年です。従来、1745年とされてきましたが、「明る卯（1747年のこと）四月晦日向後御買入砂糖御割等究むへきとの仰渡あり」という文書があり、1747年とします。

1期はサトウキビ導入以前です。奄美には1600年前後の慶長年間に川智《かわち》が中国からサトウキビの苗と栽培法を伝えたとの伝承がありますが、17世紀末まで奄美でサトウキビ栽培はありません。税は米・小麦でしたので、藩は積極的に干拓や開墾を行い、農業を活発にしようとします。「借金で百姓を下人にするな」等の制限をして、農民の保護政策が盛んに進められました。奄美の生産力と税の負担能力が格段に向上し、那覇世よりも税は重くなりましたが、経済的に成長していた時代です（江戸時代の人口について＝113ページ参照）。なお、1607年に沖縄に伝わったとされるサツマイモは、33年頃には奄美ではすでに主食になっていました。

2期です。財政が厳しくなっていた藩は、屋喜内間切の横目の嘉和知《かわち》と三和良《みわら》を琉球に派遣して、1690年頃に製糖業を導入します。1713年頃から、サトウキビには農民への強制割り当てによる栽培と買い上げ政策が進められました。藩による、決められた値段で割り当てられた量を買い上げる形式でしたが、この頃は農民の自由販売量もかなりありましたので、農民にとっても有利な作物でした。

年貢としては米ですので、主産業は米ですが、なかなか成長しませんでした。奄美の米は最低ランクであり、社会に影響力のあったノロによる下衆《ゲス》（俗人）の立ち入り禁止地域が多く、土地改良が進みませんでした。佐文仁は開拓事業（1403石）の功績で外城衆

三和良の墓

ノロ（南島雑話）

中格（１１７ページ参照）ですが、佐文仁の祖母や母がノロであったため協力を得られやすかったといわれています。母は薩摩役人と赤木名ノロとの間に生まれた娘でした。

13年には、１１３万斤の黒糖を買い上げ、初めて黒糖の大坂積み出しです。

家人（南島雑話）

３期です。米では利益があがらないため、１７４７年に換糖上納（黒糖1斤＝米3合6勺とし、米を黒糖に換算して納めること）が決定しました。次第に田が縮小し、きび畑が拡大します。これに伴い、大島には琉球から、徳之島へは沖永良部島と与論島から米が送られました。砂糖の使い方は、①年貢、②藩の買い上げ、③農民の自由販売の3通りです。次第に②が増え、③が減少します。稲作は砂糖の犠牲となり、１７５５年、徳之島では島民３０００人が餓死しました。
また、農民が製糖までこなすキビ作農業を行うには大家族経営が必要でした。そのため下人も多くなります。製糖に関する下人を「家人《やんちゅ》」といいますが、年季は5年か10年で、他に「無年季家人」「膝素立《ひざすだち》」（両親とも家人で、一生家人）もいました。身売価は、砂糖１５００～２０００斤が普通でした。

この時期は、換糖上納は決まっても藩の方針が二転三転する動揺期です。１７７７年、１回目の専売制度が実施されました。専売としては、屋久杉ですでに行われていました。利益を藩が独占するもので、大島代官を務めた本田親孚《ちかさね》（島民の信望が厚く、2年の留任を嘆願された）は、「大島私考」その秘本（１８０５～07）に「これ（惣御買入）人君の民の利を貪るに似たり。恥ずべきにあらずや」と批判しています。

黒糖の流通で利益を得ていた薩摩商人の反対もあり、10年で廃止されました。2回目は１８１８年です。砂糖は薩摩の山川港で買い上げられましたが、利益を上げるには不十分な方法で、長続きしませんでした。

19世紀には、藩内の他地域にも製糖を広げます。48年には、垂水で約46万斤、種子島で約28万斤、桜島で約23万斤です。

１７６７年には、大島で白糖製造も始めています。大坂では白糖の方が値段が高かったためです。後の幕末には、外国人技師を連れてきて4つの工場も造りましたが、黄ばんだ砂糖しかできず、結果的に白糖製造は失敗します。

4期です。これまでの政策を「緩ガセ過ギ候（甘やかしすぎ）」

製糖図（南島雑話）

として、徹底的に厳しくします。「三島方」も設置し徹底しました。1830年からの専売制度は、2回目と違い、島での買い上げで隠れて売れば死罪（種子島・琉球も同様です）、金銭流通も禁止したため、生活必需品は砂糖交換による藩の販売で、値段も藩が一方的に決めました。黒糖1斤＝米3合でしたが、大坂では黒糖1斤＝米1升2合でしたので、島民は4分の1しかもらえなかったことになります。

宇検与人の国淳は、砂糖と米の交換比率に異議を唱え、島民の窮状を訴えて越訴書を代官所に提出しましたが、切腹の上、翌年に死体を掘り返されて磔に処せられています。

この10年間の年平均出荷額は、米6000両に対し砂糖23万5000両です。3期の砂糖は12万両ですので4期は約2倍です。

さらに幕末には、斉彬が藩主となってから支出が増えたり、他藩で砂糖産業が発展して薩摩が利益を独占できなくなったりしたため、検地を行い、土地を広く見積もることで年貢量を増やしました。大島では48年には約558万斤でしたが、52年には約629万斤、60年代には900万斤台です。53年には、沖永良部島と与論島も黒糖専売の政策をとっています。

なお、三島とは奄美大島・喜界島・徳之島を指します。沖永良部島と与論島で砂糖導入が遅れた理由として、①大島や徳之島への米の供給地だった、②良港と船がない（与論では製糖に使う薪がない）、③搬送が遠距離・危険で割に合わない（船主の立場）の3点があります。江戸期の三島はこの3島を指し、現在の三島村の3島は竹島・黒島・硫黄島と個別に呼ばれています。

人口について。1831年の大島の人口は3万6375人、66年は4万3435人で、35年間で約2割の増加です。一般的に近代以前の社会では、人口増加は食糧増加を意味し、活気ある社会といわれますが、奄美の場合は、砂糖生産が主で日常食料は藩が準備しました。砂糖生産の労働力確保が主目的であり、単純に活気ある社会とはいえない面があります。

砂糖の重要性（＝奄美の大変さ）は、江戸期だけではなく、明治期も同様です。

1869年、鹿児島特産品の入金額の内、黒糖は約50％（奄美黒糖は総入金額の約35％）です。明治初年、貿易は赤字で、砂糖は第2位の輸入品です。71年の廃藩置県後、国は「自由売買」、

砂糖の梱包（南島雑話）

米と砂糖の交換（南島雑話）

県は「専売」が基本方針です。

同年、砂糖1500斤で「膝素立下人下女」の解放令が出ていますが、身売価とほぼ同じです。

73年に国は黒糖自由売買許可を出します。これに対し、県は国の許可を得て「大島商社」（大山県令や西郷・桂久武らが中心となって立ち上げ、鹿児島商人の立場）を設立し、74年春には「大島商社」の専売が始まります。国は大隈重信の提案で「大島県」構想を打ち出します。砂糖を鹿児島県ではなく、国の利益にするためですが、大久保の反対で却下されます。理由ははっきりしませんが、国と鹿児島の対立を避けるためと考えられます。「半ば独立国の如し」といわれた鹿児島県の一面です。


1873年10月に金銭流通の禁止が解禁されます。1839年に停止（150ページ参照）されているため、奄美では35年ほども金銭使用がなかったことになります。当初、流通のために準備されたのは琉球通宝（167ページ参照）で、翌年、大蔵省に申請しますが、却下されます。


75年には、丸田南里《なんり》（24歳）が帰国して、砂糖自由売買運動のリーダーとなります。「生活改善」と「自由・平等」を運動の柱としました。

77年には、自由売買請願のため55人が鹿児島に来ています。投獄されましたが、西南戦争が起こったため、従軍（西郷軍）を条件に解放（35人。20人は老年・病気）されました。5月には政府軍に嘆願書を出しました（この頃は政府軍有利）。なお、55人中、6人は戦死、26人は十島沖で遭難、無事に帰ってきたのは23人でした。

初代鹿児島県令の大山綱良は、「奄美は一等の産物を有しながら、一等の貧民に属す」と述べています。

78年には島民の運動が功を奏して大島商社は解散します。砂糖の自由販売開始です。但し、台風の影響や砂糖の質低下、島民の経済に関する認識の低さ（前述の35年ほど金銭使用がないことも関連するのでしょう）等から、島民は高利の借金（7～8割の高利で前貸し、先物契約の形で買いたたく）に苦しむようになります。

86年には、流通に課題があると考えた、大島島司の新納中三《なかさん》（221ページ参照）が、大阪商人の阿部商店と砂糖一手販売の契約を結びます。1割5分の低利で救済します。鹿児島商人との競争になり、年8分まで下がります。鹿児島商人の反発を受け、新納は免職しました。

翌87年には、鹿児島商人の独占利潤を守ることがねらいの県令39号大島郡糖業組合規則が定められましたが、反対運動で88年に廃止されます。

丸田南里墓

１８８８年からは、「三方法運動」が始まりました。提唱したのは三重県出身の石井清吉です。石井は慶應義塾出の自由民権主義者で当時、徳之島在住で沖縄産業会社社長でした。徳之島来島は、新納島司の招聘によるものですが、明治十四年の政変（１８８１年）後、福沢門下は就職難という背景もありました。その内容は、①不当な借金（利子の１００％超も）払いを裁判で拒否する、②栽培方法を工夫して生産量を増やす、③質素な生活で貯蓄をする――というもので、①については当初、返済は黒糖（価格を低くした）でしたが、台風等で生産量が少なくなると、商人は貨幣返済（黒糖価格を高くした）に変えます。裁判の多かった一因です。全郡的な運動は初めてで、暮らしぶりも少しずつ変わります。

明治初期の南里らの活動や家人解放運動が反封建・反専売であるのに対し、「三方法運動」は、農民民権対鹿児島士族民権の側面もあります。

明治中頃まで、鹿児島経済界は奄美への依存度が絶大だったということです。

前田正名（２２２ページ参照）は、奄美振興策として１８８２年に砂糖産地問屋方式を提唱しました。政府と島民が出資した会社設立（「島民ヲシテ株主タラシメ」）ですが、実現しませんでした。なお、知名町の「正名集落」は、前田の名前からです（会社支店を沖永良部の計画、笹森島司発案）。

1894年には加納知事の招聘により笹森儀助が大島島司に就任します（青森県出身、沖縄・奄美探検の『南嶋探験』がきっかけ）。笹森は「糖業改良」と「負債償却」を目標とし、砂糖品評会や集談会、砂糖作競争会等、多くの事業を行います。また、役人の高いモラルや島民の勤勉・節約の努力も必要とし、無人島だった諏訪之瀬島に移住し開拓した藤井富伝を評価しています。年利で80％を超えていた利子も、明治30年代以降は36％にまで下がっています。

これには、日清戦争で植民地となった台湾から多くの砂糖が入ってきたことも関連します。

笹森は、西郷流謫地跡（龍郷町）に記念碑がないのを残念に思い、広く郡内に寄付を呼びかけました。勝海舟の碑文は、笹森が96年東京出張の際、勝海舟に直接依頼したものです。98年建立です。

【笹森儀助】

21 島津斉彬と集成館

28代斉彬（1809～58）は、幕末第一の英主で、複数のことを同時に処理して間違いのなかったことから「二つ頭《びんた》」といわれました。17歳の時、11代将軍徳川家斉から1字を与えられ、斉彬と改めます。教養深く賢婦人といわれた生母周子（鳥取藩主池田治道の娘）と曽祖父重豪の強い影響を受けました。座右の銘は、「思無邪《おもいよこしまなし》」です。

世子の頃から徳川斉昭・松平慶永、特に老中阿部正弘と親交があり、勝海舟等多くの優秀な幕臣ともつながりがありました。洋学者に蘭学を講じさせたり蘭書を翻訳させました。斉彬自身もオランダ語を学び、ローマ字で書いた手紙や日記を残しています。優れた国際見識をもっていましたが、ようやく財政再建を成し遂げた父斉興は、斉彬を後継にしたがら

【島津斉彬】

ず、藩主になったのは40歳をすぎていました。

藩主期間は7年5カ月（期間中帰国は3回、後は江戸での事業推進）です。ペリー来航以前、すでに琉球では西欧諸国との開国・貿易問題があり、世子の斉彬は幕府から対応を依頼されたこともありました。


藩主となった斉彬は、人事面では慎重に対処しました。斉興の用いた重臣をそのまま用い、近思録崩れで遠島になった人物の赦免も人心が落ち着くまで待ちました。藩内の分裂を防ぎ、藩内をまとめ、広く日本全体の問題に眼を向けさせました。

政策面では積極的に対応します。洋式産業の開発その他による富国強兵策を実施しました。1851年2月に藩主になり、5月に帰国するとすぐに製錬所（開物館）を設け、鉄製砲を鋳造するための反射炉のひな型をつくりました。実地に応用が可能になると、磯の集成館に移しました。

大規模なものとして、鉄製大砲の鋳造があります。

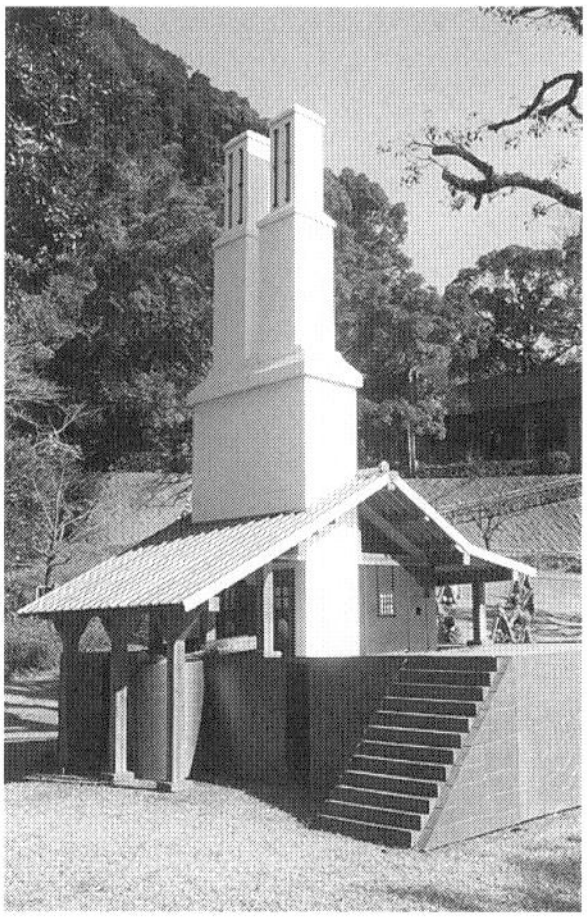
反射炉模型（仙巖園）

反射炉跡（仙巖園）

①溶鉱炉（銑鉄を造る）、②反射炉（銑鉄を製錬して砲身を鋳造）、③鑚開台（砲身に穴を開ける。水車動力で一度に6門の大砲に砲腔をうがつ）が必要で、特に反射炉建設が難しかったのですが、斉彬は「西洋人も人なり、薩摩人も人なり、不撓不屈以てこの業を完成すべし」（反射炉碑文）と励ましました。3つとも準備したのは薩摩藩だけです。反射炉は2基造り、約8万斤を熔鉄しました。それぞれの完成期日及び建設費用は①54年（8500余両）、②56年（73万4800余両）、③55年（1万6000余両）です。鑚開台の水力は石炭の国産がなかったためです。

その他、軍事だけでなく製薬・印刷・出版・写真・食品等、事業種目は22にも及びました。これが真の富国につながる、という斉彬の考えです。57年に、斉彬によって各種の製造工場を総称して「集成館」と命名されました。1200人が働く東アジア最大の一大工業地帯でした。

水車館機織場跡碑

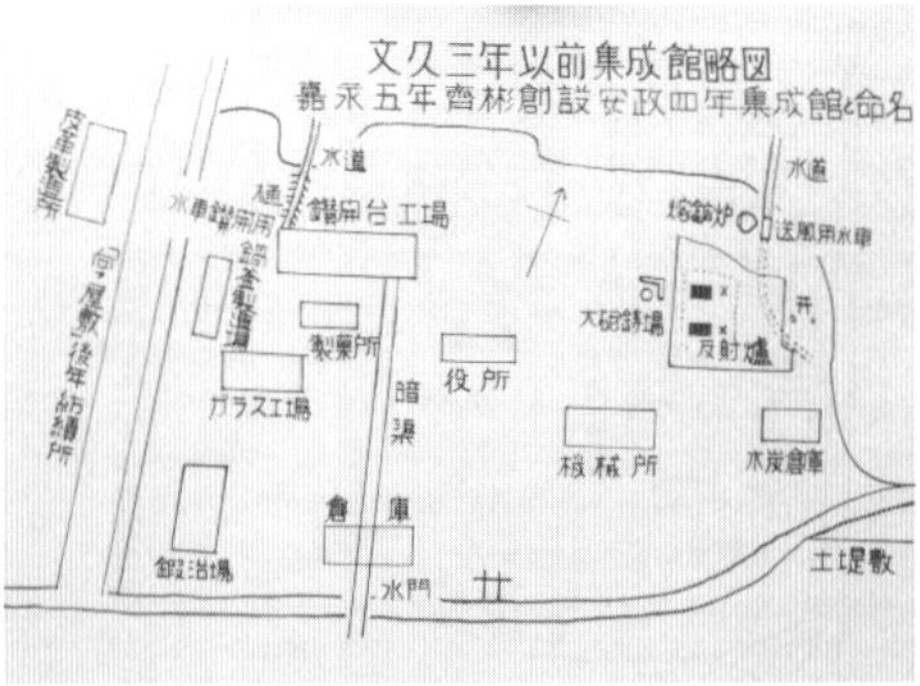

【集成館図薩英戦争以前】

洋式船・蒸気船の造船事業について。斉彬はペリー来航を機に、大船建造禁止令の撤廃を求め、幕府はこれを受け入れています。鹿児島における造船所は、磯の海岸（南北50間、幅10間、深さ9尺）や桜島瀬戸・同有村・牛根等です。後には外国船購入に傾いています（123ページ参照）。53年には、日の丸の旗を船印とするよう建議し、幕府は日本国総船印と決定しています。

綿糸・綿布の需要を見越した紡績事業も実施しました。中村付近一帯に綿花の栽培を奨励して木綿を作らせたり、田上村等では水車を用いて機織を始めたりしました。

世界文化遺産の「寺山炭窯（跡）」と「関吉の疎水溝」について。前者は反射炉などの燃料として用いる白炭（火力の強い木炭）を製造するためで、後者は水車を動かすための水路の取水口跡です。約7kmにわたって導水しました。

あくまでも外様大名だった斉彬にとって、このような事業を推進できたのは、老中阿部正弘という理解者がいたという側面もあります。

寺山炭窯跡

関吉の疎水溝

また、1857年には、大島・オランダ貿易構想がありました。薩摩とオランダが幕府に内密で、大島や琉球で貿易をするという構想です。翌年の調印直前に斉彬死去のため幻となりました。

さらに、1865年には大島スキームといわれる構想もありました。薩摩が大島で生糸・米などの産物を購入し、グラバー商会が上海などで販売するという計画でした。

53年ペリー来航とともに外交が重要問題となり、将軍家定の後継問題が起こると、一橋慶喜の擁立を進めます。西郷隆盛に越前の橋本左内と連絡をとらせ、近衛家を通じて朝廷にも働きかけました。57年に老中阿部正弘が亡くなると不利になり、翌年、井伊直弼が大老となります。このような状況から帰国中の斉彬は、朝廷を擁しての幕政改革を決心します。薩摩の精鋭3000の兵を率いての上洛準備として、天保山の調練場で7月8日の炎天下、城下諸隊の連合大演習を自ら指揮しますが、急病のため7月16日に亡くなりました。

なお、日米修好通商条約の際、アメリカは山川の開港を要求しますが、幕府は拒否（貿易の利益独占）し、代わりに下田を開港したのです。

斉彬の不幸の一つは、6男5女に恵まれながらも6男がすべて夭折したということです。臨終にあたって、忠義（弟久光の子）を女婿とし、忠義の後継を六男哲丸としますが、哲丸も翌年亡くなりました。娘たちも多くが若くして亡くなっています（長命は１人）。

斉彬亡き後の集成館について。29代忠義の後見に祖父の斉興がなったため、１年ほどは事業は予算削減され、事業内容も縮減されます。斉興死去の後は、久光が忠義の後見となり、事業も拡大されました。

鋳銭事業について。斉彬の遺策ですが、62年に集成館に鋳銭工場ができています。翌年の薩英戦争で焼失し、跡地には後年、鹿児島紡績所が建設されますが、鋳銭事業は西田で継続されます。幕府は許可したくはありませんでしたが、「琉球貿易のみに使用する」ということで、認可されます。琉球通宝は天保通宝と全く同じ大きさで、文字のみ「天保」が「琉球」でした。63年5月には、琉球通宝を約90万枚（約1万2500両）造っていますが、同年9～12月には、約19万1000両分造っています。後者は天保通宝を密造したもので、翌年以降も続きます。この事業は、小松帯刀と大久保利通が中心となったといわれてい

尚古集成館

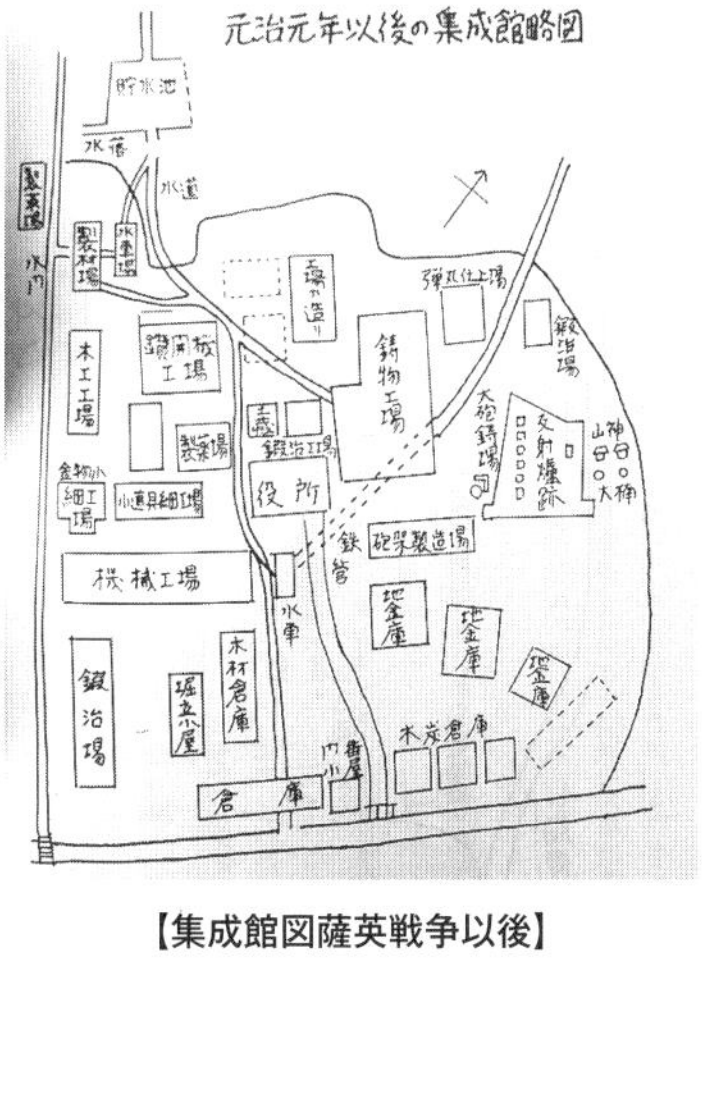

【集成館図薩英戦争以後】

ます。

63年の薩英戦争で集成館はほぼ焼失しますが、この経験により、集成館復興の必要が痛感されました。

64年から翌年の間に、機械工場（現尚古集成館）が建設されました。この工場は、ポーチを含めて975㎡あり、不燃化のために石造り（当初から「ストンホーム」と呼ばれた）で、開口部にスチールサッシを採用していました。機械工場の他、鑽開機工場、製薬所、アルコール工場等が建設され、大砲や弾薬の製造、蒸気機関や艦船修理等を行いました。

この規模の工場群は、幕府の長崎製鉄所、横浜・横須賀製鉄所ぐらいです。


英国派遣使節によって、紡績機械が購入され、日本最初の洋式紡績工場が建設されます。66年に英人技師4人が到着、礒で工場建設に着手、翌年に機械も到着しました。職工は約200人、1日10時間操業、原料綿は国産品を使用し、平均約180kgの綿糸を紡ぎ、白木綿（大

【紡績所】

異人館

阪販売）及び縞《しま》類（城下販売）を織りました。異人館（木造総2階建てのコロニアルスタイルで、この種としては、わが国現存の最古）が英人技師7人の住宅として建設されました。

鹿児島紡績所は、明治初期、大阪の堺紡績所、東京の鹿島紡績所とともに、3大紡績所です。紡績事業には、斉彬が招聘した洋学者の石河確太郎（奈良出身）の功績が大きいですが、石河は堺だけでなく、愛知や倉敷等の紡績所にも関与しました。

維新後です。1870年には、製鉄所・紡績所・製糸場等で働く職工は600余人です。71年は砲弾造りに683人、火薬局で367人の職工がいました。必要経費も65年の2万両に対し、71年は6万両（増産ということ）です。

廃藩置県で政府へ引き渡され、当初陸軍大砲製造所に、後に鹿児島海軍造船所となりますが、西南戦争で戦場となり、荒廃しました。西南戦争後は、官有、民間に払い下げ、島津家所有と変わりますが、1915年に閉鎖され、機械工場のみ「石蔵」と呼ばれ残されました。23年には、30代忠重は「石蔵」を修築し、尚古集成館と名付け、市に経営を委託しました。

22 生麦事件と薩英戦争

斉彬の後、実権を握ったのが久光です。久光は、斉彬と比較され、何となく損な立場にみられることも多いのですが、斉彬を尊敬し、また斉彬も久光のことを「優秀な人物」と認めていました。久光の政策は、ほぼ斉彬の遺策といえます。

久光は、公武合体策を推進します。1862年3月には、兵1000人余を率いて上京します。但し、この時、久光は単に藩主の父という立場であり、無位無官でした。そのような久光の入京について、藩は策を練りました。幕府へ藩主参勤延期願い提出→幕府却下→芝藩邸を放火し、その再建を口実に再提出→幕府認可（幕府からは再建費用援助も）→久光、その御礼を口実に出府、という具合です。事前の対策として、1月に大久保を京に派遣し近衛家への協

【島津久光】

力依頼、2月は西郷を呼び戻しています。

4月には、寺田屋事件（急進派の有馬新七等を処罰）で、藩内をよりまとめます。

6月には、勅使大原重徳を補佐して江戸に下向し、幕府改革として一橋慶喜が将軍後見職、松平慶永（前越前藩主）が政事総裁職に就任しています。


帰国途中の8月、生麦村（横浜市）で事件が起こります。リチャードソンら騎乗のイギリス人が久光の行列とすれ違った際、行列を乱したため護衛の藩士に切りつけられたのです。リチャードソンは斬殺されましたが、大名行列は避けなくてはならないという日本の習慣を知らなかったためです。なお、生麦事件の数時間前に久光の行列に遭遇したアメリカ人のヴァン・リードは、馬を下りて道の脇に立ち、行列を見送っています。イギリスは斬殺した藩士の処分と賠償金を要求（幕府は賠償金支払いを受諾）しますが、薩摩側が応じなかったため、翌年、薩摩とイギリスの直接交渉となり、さらに薩英戦争につながります。

150ポンド砲（仙巌園）

天保山砲台跡

なお、薩摩は7つの砲台に150ポンド砲をはじめ90門余りの大砲を備えており、さらに防衛態勢を強化しました。但し、砲台以外は戦国時代さながらの状態でした。

ここで、イギリスの対応について。イギリスは自主貿易主義のために平和的な通商拡大を望んでおり、これまでのテロ襲撃事件（攘夷）に対しても比較的冷静な対応をしていました。生麦事件に関しても、ニール代理公使は横浜居留地社会の強硬論（停泊中の軍艦から武装水兵を上陸させ、大挙して久光一行の宿所を奇襲）を抑えていましたが、本国に伝わると、一般市民が犠牲となったことに世論が強硬論となり、薩英戦争へとつながります。

63年6月、イギリス艦隊が鹿児島湾に入り、24時間以内の犯人処刑と賠償金支払いを再度要求しました。交渉が進展しない中、7月、イギリス側は汽船3隻を拿捕（3隻の購入価格が賠償金を上回っており、イギリスとしては担保とし、交渉を進展させようとした）しますが、薩摩はイギリスが攻撃を仕掛けたと判断し、これをきっかけに開戦です。薩摩の本営は城内ではなく、少し海岸から離れた千眼時（常磐町）にありました。

イギリスは戦争開始を想定しておらず、また、暴風雨で軍艦が大きく揺れていたため戦闘準備が遅れ、当初は大きな被害を受けます。戦闘準備が整うと、アームストロング砲（射距離は薩摩の大砲の4倍で402発発射、大砲は爆発弾です）によって砲台は壊滅状態となり、城下町の一部と集成館の工場群、汽船3隻も焼失、死傷者18人です。この時、イギリス側は不断光院（現南風病院付近）を本営とみて集中攻撃しています。薩摩も射距離内の艦船を的確にとらえ、イギリス側も旗艦ユーリアラスの艦長以下13人戦死、負傷者50人です。

なお、イギリス艦隊は往復路とも谷山七ツ島沖に停泊しており、復路の際「異物品」や死体が「打寄」せたとの記録があります。

これにより、イギリスは薩摩藩の実力を知り、薩摩藩は西欧列強の技術力の高さを痛感します。互いを認めるようになり（イギリスは、敵を友人に変えたという見方）、10月には和議を結びます。会談は一旦は決裂（どちらかというと薩摩の強引な議論）しかけますが、軍艦購入の周旋依頼もあり、4回目の会談で妥結に至ります。薩摩藩は2万5000ポンドを幕府から借用して支払い、犯人の処刑を確約（実際は処刑せず）しました。岩下方平《みちひら》（家老、維新後貴族院議員等）や大久保が交渉の中心

【英艦入港戦争図】

ですが、この交渉団の1人だった重野安繹は国際法（清で翻訳され、長崎に輸入された漢訳洋書）も引き合いに出し、交渉をしたといわれています。イギリスでは、鹿児島砲撃が伝えられると、無差別の過剰砲撃として民間の平和団体や宗教界から抗議の声が沸き起こり、対日政策の緩和をもたらす一因にもなりました。

【若き薩摩の群像】

その後、薩摩は技術立国をめざします。64年には陸海軍諸学科の教育機関として洋学校の開成所（生徒は優秀な60～70人程度）を設立します。開成は「開物成務」の略で、人知を開発し、仕事を成し遂げることを意味しています。①陸海軍の砲術や操練等、②天文や地理等、③器械・造船、④物理・分析、⑤医学の5科に大別され、教官として、ジョン万次郎や前島密（明治に郵便制度を導入）等がいました。

65年、イギリスへ新納（後家老、前述の大島島司）・松木弘安（後の外務大臣寺島宗則）・五代友厚の3人の使節団と開成所の学生を中心とした15人の藩費留学生派遣（当然、密航です）、66年、兵制をイギリス式へ変更、同年、岩下方平をパリ万国博覧会に派遣し、日本薩摩太守政府の名で薩摩焼等を出品します。

なお、1862年には、城下の商人34人が8万2300両の寄付（新式銃のミエール銃買い付けのため）をしています。浜崎太平次2万両、田辺泰蔵1万両（両名とも船主貿易業）をはじめ、8000両が4人など、浜崎・田辺を除いて1000両以上が10人に上ります。

浜崎は指宿の商人で、寛政年間の全国長者番付では、263人中、三井や鴻池と並んでトップグループにいました。8代目の時、汐見町（鹿児島市）に転居しています。軍艦春日丸を購入する際8万両を献金したり、英国留学生の派遣費用も提供したりしたといわれます。田辺泰蔵は柏原（東串良町）出身です。薩摩では、どうしても武士が目立ちますが、このような豪商もいたのです。

久光（1817~87）について。生母は斉興の側室お由羅。下のカルタは6歳の時に作ったものです。前述の62年には、参勤交代制度を3年1勤・滞府100日以内に緩和し、「妻子国許江引取」も実現しました。米1万石を供御料として献上です。但し、この頃、公武合体

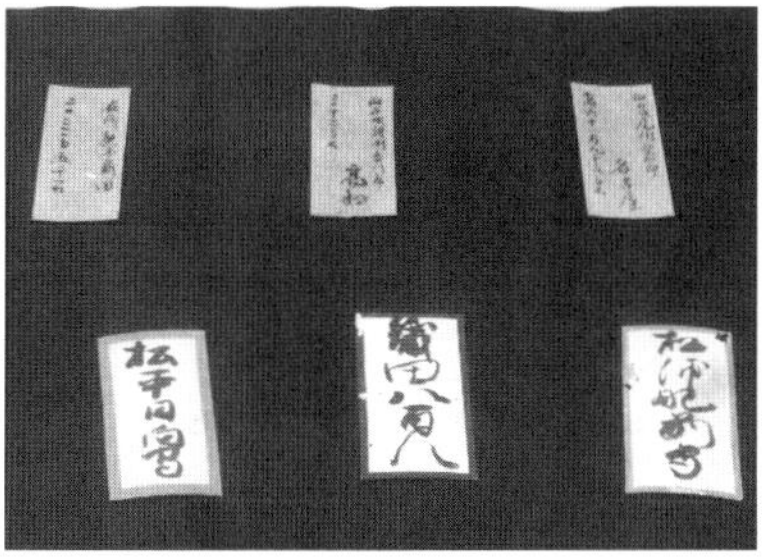

【大名カルタ】

策は時代遅れで、尊攘派が中心であり、63年5月には薩摩藩は京都御所乾御門の警備を解かれていました。孝明天皇の内意を奉じて入京し、会津藩と連合して長州藩追放（八・一八の政変）です。この功により、朝議参予を命ぜられ、従四位下に叙せられますが、雄藩連合による時局収拾に失敗し、帰国します。以後は、大久保・西郷らに時局の行き詰まり打開を担当させます。

維新後、藩内に留まります。71年2月には改革の成果と協力に対して、政府から褒賞を授与されていますが、廃藩置県後、改革阻止へ方向転換し、士族救済の優遇策を実施し、半独立国家的性格を保持します。73年には、征韓論分裂による政府の弱体化に備え、勅使が送られ、内閣顧問・左大臣に任じられますが、政府の欧化政策には反対で、76年に帰国しました。西南戦争には中立の立場でした。87年に死去、国葬です。玉里邸に黒門と福昌寺までの国葬道路が造られました。

黒門

久光墓

23　西郷隆盛と西南戦争

西郷隆盛（１８２８～77）は、下級の御小姓与の出身。18～27歳の10年間、郡方書役助を務め、農政を学ぶとともに、農政に関する意見書も度々提出しました。この意見書が斉彬の目にとまり、後に側近となります。江戸では「御庭方役」で、水戸藩の藤田東湖や越前藩の橋本左内の知遇を得ます。斉彬の死後、２回の遠島（１回目は3年間、奄美大島、２回目は1年９カ月、主に沖永良部島、斉彬死去～明治元年の間、ほぼ半分は島の生活）です。「敬天愛人」の思想は、２回の遠島を経験する中で醸成されたものといわれます。

藩内での立場も64年、軍賦役（司令官）、一代新番で中級武士、65年に大番頭、一代家老で上級武士家格です。禁門の変や薩長同盟の成立、王政復古や戊辰戦争を主導し、江戸城無血開城等を成し遂げます。

【西郷隆盛】

西郷の人物評には事欠きませんが、斉彬は「天性の大仁者《だいじんじゃ》」、坂本龍馬は「少し叩けば少し響き、大きく叩けば大きく響く」、勝海舟は「識見・議論は西郷に負けぬが、天下の大事を決する人物はかの西郷である」と評しています。

戊辰戦争が終わると帰藩します。藩・政府ともに役職は辞していましたが、島津忠義の要請で1869年2月参政です。門閥打破の藩政改革を断行し、精兵を養い内外の事変に備えました。改革の内容は、藩政（知政所）と家政（家令）の分離、家格の廃止（すべて士族）、私領制廃止等です。71年には大久保らの要請により上京、御親兵の設置とともに、廃藩置県を成功に導きます。岩倉使節団の不在の間は、留守政府の主席参謀として、学制、徴兵令（実際は農村の次男以下が対象）、四民平等（華族・士族・平民）、地租改正、太陽暦の採用、郵便・鉄道業、田畑永代売買の解禁、キリスト教解禁等、開明的な政策を推進し、宮中改革も行いました。72年に陸軍元帥、近衛都督です。

1873年、征韓論論争が起こります。留守政府は西郷の朝鮮派遣を決定していましたが、内治優先の大久保らと対立し、幕末の薩摩、明治前期の日本をリードした2人は袂を分かつことになります。

同年、西郷は下野しますが、土佐・長州の指導者へ3藩での東京政府の改正変革を提案します。

しかし、これも拒否されます。翌年、鹿児島に私学校設立です。目的は「近年」と予想した「国難」に備えるためです。私学校の中心は、銃隊学校（篠原国幹を幹部とする500~600人の歩兵隊）と砲術学校（村田新八を中心に200人の砲兵隊）です。他に幼年学校（士官養成学校　75年3人、76年2人のヨーロッパ留学）と吉野開墾社（教導団150人）がありました。藩設立の「本学校」があったため、「私学校」です。

　私学校の経費の一部は県費であり、大山綱良県令の積極的支援がありました。大山と西郷は折り合いが悪かったとされますが、前年に2年満期退役の近衛兵1300余人が、また、西郷帰郷に伴い600余人（名前がわかっているのは桐野利秋等146人）が帰郷したことは大山県政の大きな課題であり、西郷の協力も必要でした。県下の行政組織は私学校派が中心となりました。私学校はある、不平士族は多い、反政府の立場の久光がいる等で、「半ば独立国」のようだった鹿児島と政府の対立が77年に勃発します。

私学校跡

吉野開墾碑

77年、西郷軍は2月14日に旧練兵場にて約1万人の部隊編成（1小隊200人の50小隊）をしますが、私学校生徒と強制された若年層が大部分でした。全体的には、地方の有力郷士層や社会的に重要な地位にある者は批判的でした。進軍については、まず西郷ら数人が東京に行くべきとか長崎経由の海路も検討されましたが、却下されました。

翌15日、熊本へ出発し、21日に熊本城を包囲しますが、3月には田原坂の戦いで敗れ、4月15日に熊本城包囲を解除（大勢は決着）、7月24日都城陥落（逆転はほぼ絶望的）、8月16日解軍の令が出され、精兵1000人となります。9月1日守備隊を撃破して鹿児島に潜入しますが、9月24日に城山陥落です。

また、4月23日に政府軍は鹿児島派遣、これを受けて4月28日に西郷軍も派遣、5～6月には激しい市街地戦が行われました。焼失戸数1万4141戸（鹿児島だけで9778戸、市街地ほぼ焼失）です。なお、火災が想定されたため、警視庁がポンプ（75年にフランスから購入）を東京から持ってきて

【甲突川陣地】

西郷洞窟

いました。

西郷の遺体を確認したのは山縣有朋ですが、右腕の古傷により認知し、首級は重傷の捕虜を尋問して所在を知りました。西郷以下160人の戦死者は、官軍の許可を得た岩村県令によって丁重に埋葬され、83年には散在していた1800余人の遺骨を浄光明寺墓地（南洲墓地）に改葬しました。

「薩摩見聞記」は、薩摩人の行動原理は、合理的か如何なる主義に拠るかではない。着眼点は主に成果、成否である。よって「感情を抑へ、其行動を変化す」。歴史的にもこのようなことが多いが、その点、西南戦争は「異例」である、としています。

西郷軍の戦死、生死不明者は士族4919人、平民298人の計5217人（他県を含めると6000人以上）、政府軍は約6万人が従軍し、7000人弱の戦死者でした。不平士族による最後で最大の反乱となりますが、影響は多大でした。政府は一層の財

官軍慰霊碑

南洲墓地

政難となり、鹿児島は農業・工業・道路整備・鉄道開通等、復興には時間がかかり、かなり後れをとりました。

また、「今日薩摩に於ては（西南戦争の影響から）二十七、八歳から三、四十歳の寡婦及び壮年女子の未婚者甚だ多く、一見實に憐むべきの」状態（鹿児島市の女子超過数は９２８人）もありました（「薩摩見聞記」）。

その後、西郷は１８８９年2月、大日本帝国憲法発布の大赦令によって、賊名を除かれました（正三位追贈）。後年の銅像については、西郷は上野が１８９８年、鹿児島は１９３２年、大久保の鹿児島銅像は１９７９年であり、随分と違いがありますが、西郷従道や大山巌が中心となった鹿児島市加治屋町の誕生地碑は、１８８９年3月、大きさ・文字・材料等、全く同じ仕様で建立されています。

なお、両者の鹿児島銅像は、西郷が没後50年、大久保が没後１００年の記念事業です。

西郷の鹿児島銅像について。太平洋戦争中、「金属類の特別回収及

大久保誕生地之碑

西郷誕生地之碑

び銅像の回収運動」があり、楠正成や西郷など数人を除いて、全員供出です。鹿児島では、乃木希典夫人静子の銅像は供出され、照国神社横の島津3公銅像の応召も決定し、銅像供出壮行式もしました（供出遅延のため残存）。西郷の場合は、上野にもあるため、協議の結果、上野を残し、鹿児島は供出の予定でした。

鹿児島の西郷銅像

西郷の名前について。本来は隆永です。西郷家は藤原姓のため「藤氏隆永」の印鑑も残っています。友人の吉井友実が誤って父隆盛の名を政府に報告し、以後、そのまま隆盛と名乗りましたが、聞き間違えたからとも言われます。つまり、弟の従道も元々は隆道、「りゅうどう」が「じゅうどう」と聞こえたとされ、同様に隆永は「りゅうえい」これが「りゅうせい」と聞こえて隆盛、なお、弟吉二郎は隆広、小兵衛は隆武です。また、佐賀の江藤新平は、政府から名前を求められ、「しんぺい」がだめなら「にいひら」としてくれ、と言ったといわれています。「にいひら」なら、それらしく聞こえるということです。

24　大久保利通と牧野伸顕

大久保利通（1830～78）について。生誕碑は加治屋町にありますが、高麗町に生まれ少年時代から加治屋町で育ちました。家格は下級の御小姓与です。父方の曾祖父は江戸詰、祖父は大坂詰、父は琉球館附役です。母方の祖父（皆吉鳳徳）は長崎および江戸に十数年遊学し蘭学に通じ西洋事情に明るかった西洋医（後、侍医）で、叔父も西洋医でした。

このような家庭環境のもと、まず「御記録所書役助」になりますが、藩の書籍・記録等を管理する職務であり、広い視野を身につけました。49年20歳の時「お由羅騒動」が起こり、翌年4月、父が喜界島遠島、利通も免職です。53年5月の赦免、復職までの3年間は窮迫の日々でした。

【大久保利通】

57年10月には徒目付となりますが、翌年、斉彬が急死し、旧天保改革派の保守勢力が強くなります。急進派の「突出」の動き（藩主忠義自書の「誠忠士之面々江」の諭書で落ち着く）もありましたが、利通は冷静に判断し、将来の実権を握ると考えた忠義の父・久光に接近を図るため、久光の好きな囲碁を学ぶなどしました。一方、久光も斉彬組の下級武士からは不人気で、また保守勢力とも合わない面もあり、大久保らを取り込みたい思惑もありました。「一蔵」の名は、久光から賜ったものです。

諭書が出された日（11月5日）は27代斉興の四十九日及び百日の法要が行われた日です。諭書は「突出」中止だけでなく、久光・忠義父子が斉彬の遺志を引き継ぐこと（「万一時変到来之節ハ、第一　順聖院様御深志ヲ貫キ」）を示したものといえます。

なお、「順聖院様（斉彬のこと）」の前が1字分空いていますが、高貴な身分の人物名等を書く時は、1字分空けたり改行したりしたためです。

61年11月、御小納戸に異例の抜擢を受け、藩政の中枢に近づきます。幕末期は、久光の側近として小松帯刀・西郷等と協力し、最終的に倒幕へと導きました。

維新後は、版籍奉還・廃藩置県等に関与し、参議・大蔵卿等を歴任します。1871年11月には、欧米派遣の全権副使となり、欧米視察特に経済視察を行い、「富強」を考え、73年5月帰国します。

内治の必要性から征韓論で西郷と対立します。

以来、参議兼内務卿（実質的に首相）として、リーダーシップを発揮し、「富国」のため専制武断政治のようになりますが、維新草創期ではやむを得ない面もありました。佐賀の乱、台湾出兵、西南戦争等への対応とともに、地租改正・家禄公債制度・勧業施設・地方自治制度（地方官会議・府県会開設）等の充実に努めました。主なものとして、殖産興業と華士族授産の目的で安積原の国営開墾事業の推進、富岡製糸場や堺紡績所の建設、第1回内国博覧会開催等による産業助成等があります。

大久保利通銅像

「折れるより曲がっても所信を貫く」「堅忍不抜」の政治姿勢でした。この間、優秀な人物であれば出身にこだわらず（旧幕臣や旧幕軍の東北諸藩出身者でも）登用しました。陸奥宗光（後に外務大臣、西南戦争時に大久保暗殺を計画）、長州の伊藤博文、佐賀の大隈重信等です。

独裁的な政治手法は不平士族等の反発を買い、78年5月、紀尾井坂で石川県士族・島田一郎らの凶刃に倒れました。

明治天皇は、青山墓地に神道碑を建てさせますが、碑文に「沈着にして剛毅」「英明善断」「人に接するに至誠を以ってし、外剛にして内和」等とあります。

座右の銘は「為政清明」。死後8000円の莫大な借金が残りますが、公共事業等に私費を投じていたためであり、このことを知っていた債権者からの請求はなかったといわれます。登庁の靴音が聞こえると、庁内の雰囲気が変わったといわれるほど厳しい面もありましたが、家庭ではやさしい子煩悩な父親でもありました。

「大久保利通日記」は「○時に○○と会い○○した」のような内容が簡潔に正確に記述されているため、大久保が長く政治中枢にいたこともあり、国の動向をうかがい知ることができます。例えば74年9月17日は「今朝八字ヨリボアソナード氏ノ見込書ヲ譯セシム十二時比ヨリ柳原公使入来午後露西亜公使入来」とありますが、ボアソナードはフランスの法学者で、前年来日しました。台湾出兵の後始末の際、国際公法の関連もあり、大久保の中国行きに随行しています。

牧野伸顕（1861〜1949）について。大久保の次男で、遠縁の牧野家を継ぎました（実家で成長）。岩倉欧米使節団に同行してアメリカ留学、74年に帰国して東京開成学校に入学。その後、外交官や県知事等を経て、93〜96年文部次官（実業学校令・高等女学校令公布）。公使を経て1906年文部大臣、11年農商務大臣、13年外務大臣等を歴任します。18年のパリ講和会議では次席全権として、首席の西園寺公望を補佐しました。この時、日本は人種差別撤廃問題を提起しています。

1921年の宮中某重大事件（皇太子、後の昭和天皇の結婚問題）で宮内大臣に就任し、25年3月から35年12月までの長期間にわたり内大臣となり昭和天皇を補弼しました。昭和天皇の信頼を得ますが、親英米派・自由主義者として急進派から「君側の奸」と見なされ、32年の五・一五事件では内大臣官邸に爆弾を投げられ、36年の二・二六事件では湯河原の旅館に保養中、反乱部隊に襲撃されましたが、難を逃れました。引退の際、昭和天皇は泣いて別れを惜しんだといわれています。娘雪子は政治家吉田茂夫人であり、晩年は戦後首相となった吉田のよき相談相手でもありました。鹿児島市の加治屋町にある「大久保利通君誕生之碑」には、牧野伸顕の記念碑もあります。父と同じく『牧野伸顕日記』も公刊されています。昭和天皇の側近だった宮内大臣・内大臣時代が詳述され、戦後本人が口述した『回顧録』とともに、貴重な史料となっています。

25　明治維新と鹿児島県の成立

日本史上において、鹿児島が最も中心となっていた時期は、明治維新（歴史用語としては、1853年のペリー来航から71年の廃藩置県まで、「教科書」261ページ）ですが、ここでなぜ薩摩藩が明治維新の中心たりえたのか、まとめておきます。大きく3点です。

① 西洋列強の進出に対して、情報の収集が早く、領土への危機意識が強かったこと
② ①を受けて、28代斉彬や優秀な人物を多く登用して、挙藩体制が確立できたこと
③ 財政難に苦しむ藩が多い中で、天保の改革と呼ばれる財政改革が成功していたこと

①について。薩摩藩は、琉球貿易等を通じて経済的な利益をあげるだけでなく、海外の情報をいち早く得ることが可能であり、西洋列強の状況など膨大な情報を収集・分析していました。これには島津氏が14世紀から海外貿易に関与し、利益をあげていた歴史的背景も関係します。

琉球・奄美を実質的な支配下においていた薩摩藩にとっては、西洋列強の進出は領土への危機意識を煽るものであり、直接的な対応が必要でした。公武合体して全体がまとまり、西洋に対応すべきという考えに至っていました。

また、公武合体に関しては、島津氏は、朝廷では近衛家と歴史的に深いつながりがあり、幕府とも外様大名でありながら竹姫や御台所２人（茂姫も篤姫も近衛家への養女）の存在もありました。斉彬正室の英《ふさ》姫も一橋家の出身でした。

篤姫銅像

②について。①の状況をふまえて、世界への広い視野と洞察力を持ち、幕末第一の英主といわれた斉彬は、近代化の必要性から、富国強兵や殖産興業ともいえる事業（集成館事業＝当時の東アジアで最大の工業地帯）を積極的に行いました。

教育改革や学問振興（儒学だけでなく、国学・蘭学・洋学等）にも取り組んでいます。国学については、「国学館」の設置を検討し、平田篤胤の弟子の後醍院真柱《ごだいいんましら》を造士館の助教に登用しました。久光や大久保も平田の『古史伝』を読み、家老級の町田久成や岩下方平も学んでいます。廃仏毀釈には国学の影響もありました。

蘭学については、全国的な蘭学者とのつながりがありますが、蘭語通訳養成を目的とした「蘭学講会所」の設置も計画していました（斉彬急逝のため実現せず）。

青少年教育については、1852年に各郷中に対し、平日の行動の申告と郷中掟の提出を命じ、54年には、士風矯正と文武学習の心得を示し、造士館教育の充実とともに、各地に稽古所ができ、後世の小学校につながります。

斉彬の後継となった久光もその遺志を継ぎ、公武合体策を進めるとともに、藩内の意思統一に努力しました。水戸・土佐・長州等では藩内抗争や上級武士と下級武士の対立等があり、一つにまとまるのは難しい状況でしたが、薩摩藩では、寺田屋事件（急進派の有馬新七等を暗殺）以降は小松帯刀や岩下方平等の上級武士と、下級武士の西郷隆盛や大久保利通等を登用して挙藩体制を確立しました。

挙藩体制の中で、幕末の流れでは、当初は公武合体策を進め、後に尊攘派が勢力を増すと会津藩とともに長州藩を追い込み、薩英戦争等を経て、幕府と疎遠になると薩長同盟を結び、討幕へと動きます。世の中の状況を的確に判断し臨機応変に対応できた（少し悪く言うと損な役回りはしなかった）のも、優秀な人物を登用し、物事を多角的に見ることができたためと考えられます。

③について。調所広郷による天保の改革は、有名な負債500万両を元本のみ250年賦で支払う（これには大坂商人の平野屋彦兵衛や出雲屋孫兵衛の協力があり、廃藩置県まで続けられます）ことや、奄美黒糖の専売制（腹心海老原清熙の活躍）、琉球を通じての密貿易の他に、佐藤信淵の『薩摩経緯記』を参考にして殖産興業や商業資本の活用も積極的に行いました。

また、薩摩藩では4分の1が武士階級でしたが、軍制改革（石高に応じて兵役や武器の準備を行う改革）で軍役動員がしやすくなりました。他藩と違って武士も射撃の訓練をしており、財政的に最新の銃を揃えることも可能で、質量ともに圧倒的な武力をもっていました。調所は洋式調練や青銅砲製造等も行いますが、財政安定も念頭にあったため、斉彬からすると「不十分」「生ぬるい」と見えたものと思われます。

ここで、薩長連合（同盟）について。

第2次長州征伐勅許や条約勅許問題について、薩摩藩は諸侯会議を開催し決定すべきという考えでしたが、幕府の考えと合わず、対立を深めます。一方、長州藩も高杉晋作を中心とする尊攘派が藩の中心となりますが、単独で幕府への対抗はできませんでした。中央で自藩の利害を代弁したり、洋式兵器の購入を援助（当時長州は反乱軍であり、公然と輸入はできなかった）してくれたりする勢力が必要でした。

八・一八の政変以来の対立と反目があった両藩の間に入ったのが土佐の坂本龍馬と中岡慎太郎です。1865年6月、長州藩は薩摩藩並びに亀山社中（後の海援隊）の助力のもと兵器購入に成功し、9月に藩主父子は久光・忠義に感謝のお礼文を送っています。

翌66年正月、木戸孝允が上京し、小松帯刀・大久保・西郷らとの会談で薩長連合が成立します。連合締結に関する公式な文書はありません。残っているのは、話し合いの内容を木戸が龍馬宛の手紙に6カ条にまとめ、龍馬がその内容を保証した（「毛《もう》も相違これなく候」）もので、両者の往復書簡です。第2次長州征伐に関して、薩摩藩の長州藩に対する支援の表明であり、長州の復権を目指す薩摩の約束です。5条で幕府方との決戦や、6条で薩長双方で皇国のためにという文言もありますが、この段階で武力討幕は両藩とも考えていません。但し、強力な反幕勢力が提携したということでは、大きな転機です。

薩摩藩が討幕を明確にするのは67年6月です。西郷は長州の山縣有朋に討幕の決心を告げ、同月、久光は山縣を引見し、薩長連合の密旨を毛利敬親（藩主の父）に伝えるよう頼んでいます。

薩長連合は、一言で言えば第2次長州征伐に対する薩長両藩の攻守同盟です。「薩長盟約」と呼ぶことも多いです。

関連して、薩土盟約について。

薩長連合締結の翌年、1867年6月の締結です。龍馬の「船中八策」を骨子とし、大政奉還と公議政体に向けて協力するものです。土佐は反幕ではありません。この会談は当時京都では薩摩藩の討幕挙兵の噂があり、未然防止のための土佐からの申し入れです。この頃、武力なしの大政奉還は考えられておらず、薩摩藩は土佐藩の武力援助を期待しました。協力を掲げながらも具体的な活動について規定はありませんでした。

9月、土佐藩は非武力による大政奉還運動を推進しますが、薩摩藩は討幕挙兵を主張し、明確に反対しました。薩摩藩は長州藩と連携して武力討幕を画策します。

その後、10月大政奉還、12月小御所会議等へと続きます。

1868年の鳥羽・伏見の戦いでは、鹿児島港からイギリス船で25小隊が出発しています。1小隊は、幹部9人、戦兵80人、太鼓2人、ラッパ1人、医師2人（以上武士身分）、夫卒24人、他に火薬運び人を加えて総勢134人で編成されていました。各部隊の半隊長以上の幹部は城下士が務めました。旧幕府軍の1万5000に対し、薩摩3000（戦死者62人）、長州1500です。

戊辰戦争全体では、銃隊41隊・砲隊6隊・軍艦2隻、約8000人が出兵し、戦死者570余人です。いずれも長州の約2倍です。新政府の東征軍編成については、薩摩主導で改革を行い、「銃隊・砲隊のほか用捨の事」「無用の衣類・雑具等持参用捨の事」等と、銃砲隊の動員を厳命し、無用な従者（非戦闘員）を連れた近世的な軍隊を否定しています。

1871年、廃藩置県が行われます。薩摩藩は鹿児島県となり、琉球王国は鹿児島県管轄です。翌年には、琉球藩を設置（外務省管轄）しますが、尚泰王は、国・県に対し、奄美群島の返還要求をしています。江戸期、奄美は公式には琉球王国領ですが、薩摩藩が250年以上実効支配しており、その後の返還要求は少し驚きです（但し、この要求は前年から検討されていました）。

74年には、「大島県」構想がありました。明治においても砂糖は輸入第2位の重要産物でしたが、国は自由販売、県は専売の考えでした。この頃の鹿児島は「半ば独立国の如し」といわれるぐらいでしたので、鹿児島と奄美を分離しようとしたのです。

79年の沖縄県設置（琉球処分）で、奄美は鹿児島県大島郡となります。政治的にいえば、沖縄と奄美は、この時点で「日本国」の一部となったのです。

なお、沖縄については、その後も日本と清で帰属問題が続きます。分島案もあり、清が承認しませんでしたが（日本は承認）、これが承認されていれば、宮古・石垣等の八重山諸島は中国領でした。後の日清戦争で台湾が日本の植民地となり、決着した形です。

鹿児島には可愛《えの》山陵・高屋山上陵・吾平《あいら》山上陵の3山陵があります。それぞれホノニニギ・ヒコホホデミ・ウガヤフキアエズが葬られていますが、山陵の治定は1874年です。以前は日向を中心とする南九州各地にありましたが、3山陵とも鹿児島県内に決定しました。明治政府（特に教部省）の中心にいた鹿児島出身者の存在が影響したと考えられます。

明治初期の県名について。廃藩置県で、薩摩・大隅・日向3国は当初、鹿児島・飫肥・佐土原・高鍋・延岡・人吉・日田の7県となり、同年、鹿児島（薩摩1国と離島と琉球国）・都城・美々津の3県となります。


72年には都城県の始良・菱刈2郡が鹿児島県となり、琉球国を分離します。

73年には美々津・都城2県が廃止され、日向一円を宮崎県へ、大隅は鹿児島県です。

76年には宮崎県を廃止し、3国一円を鹿児島県とします。

83年には宮崎県を分置し、諸県郡を南北に分け、南諸県郡（志布志・大崎）は鹿児島県です。

96年、南諸県郡廃止で現在の鹿児島県が確定したのです。

26 「鹿児島ぶり」と「薩摩見聞記」

この2書は、江戸後期や明治期に県外出身者が来鹿し、鹿児島の様子を記述した本で、鹿児島の様子だけでなく、県外人から見た鹿児島という視点もあるため、紹介します。

「鹿児島風流《ぶり》」について。本書は、江戸の講釈師の伊東凌舎が、参勤交代で帰国する27代斉興に随行して来鹿し、１８３６年から翌年にかけて藩内の様子を文や挿絵でまとめたユニークな紀行文です。凌舎が江戸に戻った後に出版され、挿絵は浮世絵にもなっています。薩摩富士と呼ばれる開聞岳は頂上が冠雪し、坊津の双剣石も誇張されて描かれています。

【海門ヶ嶽（開聞岳）】

○三位様（25代重豪）の考えから、粗野・武骨の風潮を和らげるために、方言の代わりに上方や江戸の言葉を使わせ、上方から多くの芸子を呼び寄せ、170人ほどにもなった。近年は、騒がしく、武家の若い者の中には心得違いするものもあり、多くは帰国させた。今は20人ほどである。鹿児島生まれの芸子も6、7人はいる。（重豪の開化政策の一環ですが、言葉については、江戸育ちの重豪には鹿児島弁がわかりにくかったという一面もありました。）

○演武館で、犬追物があった。殿様の名代役もいて、烏帽子、大紋で鎌倉言葉を使っている。「犬が見えて候」などと言う。かぶら矢で追い、強く当たった犬は馬鹿になったようだ。（犬追物は弓馬鍛錬のもので、小笠原流と島津家の流とが伝わり、前者は室町、後者は鎌倉とされました。江戸期は島津家のみに伝えられ、お家芸として自慢のもので、1647年には将軍家光の台覧です。）

【双剣石】

【犬追物】

○桜島は高さ1里、廻りは7里である。三位様の時、ここで狩りをしたところ桜島の神様が怒って火事になったと伝えられる。そのため桜島では狩りはもちろん鉄砲も禁止である。温泉もある。桜島権現の神体は兎で、桜島の人は兎を耳長様という。（安永の噴火で、148人が死亡、多数の家屋の全半壊がありました。）

○琉球人と酒盛りをした。言葉はよくわかった。笛を吹き、蛇皮線を弾いて清朝の踊り等を見せてくれた。礼儀正しかった。（流鏑馬を見た時「琉球人もあまた見物の内にまじわり居る、異風にて候。然る処、諸人の様子、琉人は常に見つけ居候間、めつらしからず。かへつて拙者共を皆見物致、内々笑居候」とも書いています。）

○鹿児島の武士屋敷には、「殊の外」椿が多かった。（椿は、落花の様子が落首を想起させ、一般的に武家では嫌われました。）

○西田橋、御門の橋、新橋、大手の橋、いずれも擬宝珠は慶長17年の銘である。（橋に擬宝珠をつけることが、同年に幕府から禁止されたためです。）

○吉野の牧で馬追があった。見物の男女が追々集まった。鹿児島の

西田橋

西田橋御門

諺に、人が多く集まることを「御馬追のごとく」と言う。遠巻きに見える幟《のぼり》の数は、富士の巻狩ともいうほどである。城下の諸士300騎ほども乗馬で走り回る。名人もいる、下手もいる、落馬の人も多い。その後、貝を吹いて合図をすれば、遠くの山から段々追い落とす。近くになるときの声もすさまじく、馬は五、六百もいるだろう。

○世上に薩摩木綿と申候は、琉球よりいまださきの島にており（織り）候。さきじま（先島）木綿と申ものなり。御領国の木綿は花岡をはじめ、所々にており申候常の木綿なり。細上布すべてさきしまにておるなり（原文　15ページ参照）。

○（奄美は）昔は琉球の地だったが、今は御領国の内である。よって島人が鹿児島に来ても、それぞれ宿があって泊っている。例えば大島問屋には大島人ばかりが泊る。風俗は琉球人に似ていて、少し変わっている。

○当国は万事国中で用いる物は土地でできる。砂糖蔵は織物がある。築地ではたたらを踏み、鍋釜を鋳る。できないものは羽二重、ちりめん、数の子、昆布等である。金山で金を割り谷山で刀を打つ。であれば、他国への通路がなくても不自由はない。ないものは一向宗と遊女屋のみである。芝居、相撲は時々ある。このような状態なので、実に日本の別世界とでも言うべきである。

続いて、「薩摩見聞記」です。

本書の著者は本富安四郎で、旧長岡藩士です。東京英語学校を卒業後、25歳で県内の小学校教員として赴任、翌年、校長となり2年半在職しました。本書は在職中の見聞をまとめたもので、内容は歴史・言語等22項目からなり、「記載の事實は明治廿六年（1893）迄」の状況です。維新時、薩摩と長岡との激しい戦いがありましたが、本富は他にも鹿児島関係の論文があり、薩摩気風への強い関心（批判的記述だけではありません）がうかがわれます。

○　薩摩人が質朴で勇猛であることは、特性としてよく世間に知られている。

○　（薩摩人の容貌風体は）よく言えば「風采凛然」として侍のようである。悪く言えば「温容なくして殺風景」である。

○　いわゆる身贔屓が強く仲間にとても忠実であるのは美習であるが、公私の区別をつけないのは大いなる欠点である。

○　一事を連続的に反復推究すること、及び一定不変の理想を持ち、何事にもこれを基準として理論上より判断するようなことは、到底望めない。

○　団結力が盛んであることは、特性として知られるところである。何事をなすにも決して個々別々の運動をせず、必ず一団となって行動する。その結果として、

①　質朴で無造作な薩摩人には甚だ不似合いと思われるほど、かけひきに熟し、謀略的思想に富

んでいる。
② 比較的団体では強いが、個人では弱い雰囲気がある。
③ 個人の独立の思想は発達せず、権利自由の考えは甚だ乏しい。
○（薩摩人の性格から）軍人にして文士ではない、事務家にして思想家ではない、政務家にして正論家ではない。（学問をすれば）必ずや森有礼（故人）、前田正名、河島醇（この頃衆議院議員）となる。（代表的な人物として、この3人が挙げられているのは興味深いです。）
○宴会で、自分より盃を人に差し出すのは大いなる無礼で、これをするものはいない。必ず自分から盃を請う。盃を受け取るにはとても難しい規則がある。（例えば、差し出す手、受け取る手を盃より上にしてはならず、「下げチョク」「釣り杯」ともいい、最も失礼で手首を切り落とされても仕方がないこととされていました。）
○薩摩ほど酒を飲む国はない。毎晩「おだいやめ」と称して晩酌をする。家族も主人の相手として飲む。（唐芋を常食用と焼酎用の半分ずつにする家もありました。243ページ参照）
○貧富の差は甚だしくなく、（温暖で）生活がしやすく生存競争があまり烈しくないので、人の性格は穏やかで風俗は淳朴である。統計表を見ても、訴訟・盗難・自殺・棄児の数等、人口比では全国で最も少ない。
○西南戦争までは「薩摩は依然封建の天地、武を以て立つの國」で、薩摩の文化はわずかに16年の成長に過ぎないが、世の中の進歩に遅れたことを発見した後は、改良進歩に努め、各小学校の積立金は全国第3の高度に位置し、敷地坪数や附属地坪数は全国第2位である。

○ 城下士族は、官職に就いて生計を立てるものもいるが、困難を極め乞食同様に零落したものも少なくない。これに対し、外城士族は以前から農業をしており、豊かに生活している。地主となり、農民は小作人である。昔は「日シテ兵児」（日シテは隔日のこと、1日は武士1日は農民の意）と嘲られたが、今は城下士族より裕福である。

○ 薩摩では万事万端士族でなければ夜が明けない。士族は1つの称号であり、実際に大いなる有難みがあることを悟るべきである。すなわち旅館に泊まっても宿帳に士族と書けば、応答待遇は必ず丁重である。（その理由として、「平民に財産なし」と「士族の多数」をあげています。前者では商人は「士族の御用足し」にすぎず、農民はほとんどが小作人で、豪農がいないとしています。）

今でも士族は平民に対して極めて横柄な言葉遣いで呼び捨てにし、平民は極めて丁重なおじぎをし、訪問時にも勝手口から入る有様である。（教育面でも、例えば1898年の鹿児島尋常中学（5年制）の生徒数530人の内訳は、華族1人、士族459人、平民70人です。明治中頃の県会議員は士族37人、平民3人で、士族以外の代議士誕生も1902年です。また、野村直邦〈平民、07年海軍兵学校を優秀な成績で卒業、後海軍大将〉は、幼なじみとの結婚を士族ではないという理由だけで断られています。）

27　松方正義と森有礼

松方正義（1835〜1924）について。父は谷山の郷士年寄の松田正恭です。鹿児島と大島間の貿易等で財をなしますが、城下で子どもの教育をするため、城下士松方家の名跡を継ぎました。保証人問題で莫大な借金を背負い、貧窮の中での子育てです。正義は大番頭座書役を7年勤め、藩主からの130両はすべて借金返済に充てました。

鳥羽伏見の戦いの際は長崎勤務でしたが、軍艦春日丸購入費用16万両のうち8万両を海商浜崎太平次から借りました。1868年閏4月、九州金融の中心地の日田県知事となりますが、財政難の朝廷から「正金借入方急速に取計ふ」よう指示され、10万両の調達金を送っています。また、堕胎の悪習を禁じ、養育館を設置して、捨て子や貧窮のため養育できない子どもを収容・保育しました。

松方正義銅像

その後、大蔵大輔、フランス博覧会副総裁等を務めますが、この関係から78年にフランスに出張し、レオン＝セイ蔵相と意見交換し、財政・経済を学びました。

帰国後、殖産興業政策を推進します。80年に内務卿に就任し、翌年の第2回内国博覧会では副総裁です。

西南戦争後、戦争の多額出資やこれまでの産業政策からインフレーションとなり、紙幣価値は5割以下、米価は2倍以上、公債暴落という財政危機に直面しました。参議大隈重信は外債募集によって財政整理をしようとしますが、反対します。明治十四年の政変後の1881年10月、参議兼大蔵卿となり、紙幣整理や貿易振興、政府事業の民間払い下げ、日本銀行の設立等を行い、従来の保護干渉主義から資本主義経済へ軌道修正します。緊縮政策の一方、増税政策もとったためデフレーションへと転換し（松方デフレ）、小地主や農民の中には没落する者も続出しますが、一連の財政・経済政策は資本主義の発展を促したものとして評価されています。

91年と96年、首相に就任し、2次内閣では金本位制を確立しました。首相よりも通算在位10年に及んだ蔵相としての活躍が多いです。明治天皇の信頼も厚く、金本位制の際、天皇に説明しますが、天皇は「あまりわからなかったが、松方の言うことだから」と述べ、認めたといわれています。また「子だくさんと聞いているが、何人か」と問われ、「調べて改めて報告します」と答えたとの逸話も伝えられています。大正期は内大臣として大正天皇を支えました。銅像には「我に奇策あるに非ず　唯　正直あるのみ」の一文があります。62歳で示現流の皆伝免許を受けています。

大久保に信頼され、その庇護のもとに活躍した松方としては、大久保の暗殺は大きな衝撃でしたが、その後は特に「富国」に関して大久保利通の後継者として、日本資本主義育ての親といえます。

１９２８年創建の谷山神社や御所記念碑（69ページ参照）は、松方の死後、遺子の寄付により建てられたものです。松方コレクションで有名な松方幸次郎は、松方の三男です。松方コレクションは19世紀のフランス美術品が中心です。第二次世界大戦中はフランスで保管、１９５９年に引き渡され、国立西洋美術館に納められました。

森有礼《ありのり》（１８４７～89）について。鹿児島城下に生まれ、家格は中級の「小番」格です。藩校造士館入校後、14歳の時、林子平の『海国兵談』を読破、海外状況を知る必要性を痛感し、洋学を志します。64年藩の洋学校、開成所に英学専修生として入学し、翌年の藩派遣の英国留学生に選抜（沢井鉄馬と変名）され、ロンドン大学で西洋諸学を学んだ後、アメリカに渡り、社会改良主義的なキリスト教の影響を強く受けました。

1868年6月帰国、新政府に重用され、多くの国制改革事業を担当します。69年5月には、「国民」としての意識改革を図るために「廃刀案」を建議します。大久保は時期尚早として反対でしたが、士族層の非難を浴びて挫折し、辞職しました。翌年、帰郷して英学塾を開きます。この中に種子島出身の古市静子がいます。古市は後に東京女子師範学校（現お茶の水女子大学）を卒業し、幼稚園教育の草分けとなります。

70年には再出仕を命じられ、アメリカ公使です。在職中、黒田清隆の依頼で農務長官来日に道筋をつけたり、学校視察等教育制度を研究し、「日本における宗教の自由」「日本における教育」等の英文著作を発表したりしました。国力のため科学技術教育の充実という信念を持ちます。

73年9月には、福沢諭吉らと明六社を設立、『明六雑誌』を刊行し西欧思想の紹介と国民啓発に努めました。男女同権論・一夫一婦制を主張し、広瀬常と契約結婚をしました。79年には駐英公使、82年夏には伊藤博文とパリで会談し、教育に関する意見を述べ、信頼を得ます。85年12月、伊藤内閣で初代文部大臣に就き、翌年には学校令を公布し、近代教育制度の全面改革に

森有礼誕生地碑

着手します。合理的機能的な国家観を土台に自立的国民の養成に主眼が置かれ、その後の国家主義的教育とは一線を画するものでした。

矢継ぎ早の改革は反発も招き、「廃刀案」以来、「過激な欧化主義者」のレッテルを貼られていました。89年2月11日、憲法発布の日、伊勢神宮で不敬事件を起こしたとの新聞記事を信じた内務省吏員の国粋主義者に脇腹を刺され、翌日、死亡しました。

なお、兄に横山安武がいます。70年10カ条の建白書で政府の腐敗を批判し、内治優先を説き、集議院門前で自刃しました。世間で話題となり、政府は祭祀料を出しました。西郷は碑文を書いて弔っています。

横山安武墓（右）・西郷碑文（左）

学校令や戦前の教育について。従前の教育令を廃止して、86年3月の帝国大学令を皮切りに、4月には師範学校令・小学校令・中学校令が制定されます。これらをまとめて学校令と呼びました。「学校令」という法令があるわけではありません。

その後、1947年の学校教育法公布まで、社会状況に応じて改定されたり、94年高等学校令、

99年実業学校令、高等女学校令が制定されたりします。

小学校・中学校・師範学校は、尋常科と高等科に分けられました（後、尋常中学校は中学校へ、高等中学校は高等学校へ改称）。小学校は尋常科4年、高等科2年で、尋常科4年は義務教育です。義務教育といっても授業料有償等、保護者の負担は大きく、就学率は低く、特に女子に顕著でした。例えば枕崎村では男子約36％、女子約9％、平均約20％でした。1900年から授業料が無償となり、就学率が上がり02年には全国の男女平均で初めて90％を超えました。08年には小学校令の改正により、義務教育が6年に延長されます（この時の文部大臣は牧野伸顕、187ページ参照）。実質的に高等科2年がなくなり、尋常科6年です。その後、尋常科6年・高等科2年となります。

授業料は無償でも、大正初期までは義務教育費について国の補助はなく、市町村は学校建設や教育施設の整備等、自主財源でまかないました。したがって、教育費は歳出費の過半を占めていました。1919年3月の川辺郡8村の国への要望書には、小学校の経営に「自治体は年々その経費の大半を投じて」いる、「勧業施設経営に投ずる金額は、実にその小学校教育に投ずる金額の百分の一に相当する微細なるものなる」とあります。大正半ばに義務教育費の国庫負担が始まり、枕崎村では高等小学校の授業料を無償にしています。

41年には小学校は国民学校と改称され、尋常科を初等科としました。

28　黒田清隆・山本権兵衛・黒田清輝等

西南戦争で多くの有為な人物を失った鹿児島ですが、前述した人物を除いて、「教科書」本文に記述された人物として、首相を務めた黒田清隆と山本権兵衛、寺島宗則（外務大臣）、樺山資紀（初代台湾総督）、文化面では、黒田清輝（洋画家）、有島武郎（文学）です。説明文等に五代友厚（初代大阪商法会議所会頭）、三島通庸（県知事・警視総監）、藤島武二・和田英作（洋画家）がいます。

他に活躍した人物としては、軍人が圧倒的に多く、海軍の西郷従道・東郷平八郎、陸軍の大山巖、川路利良（初代警視総監）等がいます。特に日清・日露戦争時の海軍は、ほとんどが鹿児島出身者でした。但し、大臣まで務めた西郷従道と大山巌をはじめ、政治に言及することは少なく、政治家としての働きは見せていません。

黒田清隆（１８４０～１９００）について。武人として活躍し、幕末時には薩長連合の成立にも奔走しました。戊辰戦争では、北越・庄内・蝦夷地と転戦します。特に箱館での戦い（旧幕府軍は榎本武揚）で勝利したことは大きな功績で、榎本の助命にも奔走します。武人の鑑とされ、その後榎本も黒田を助けました。樺太をめぐる対露強硬論には反対で、1870年には開拓次官となり、樺太専務です。樺太出張の見聞から樺太よりも北海道開拓を重視します。半年にわたる欧米視察後は、82年の開拓使廃止までの10年余、北海道開拓の最高責任者でした。この間、五代友厚も関係した開拓使官有物払下げ事件があり、批判されました。

薩長閥の関係から大日本帝国憲法発布時の2代首相に就任します。但し、独断専行な面があったり夫人の死が酔ったあげくの斬殺との噂もあったりして、明治天皇等の信任は必ずしも厚いものではなく、元老・枢密院議長も務めますが、政治家としての勢力は振るいませんでした。

山本権兵衛（1852〜1933）について。海軍軍人で、明治中期には西郷従道海相を補佐して海軍の改革、陸軍に対する海軍の地位向上に努め「権兵衛大臣」とまで言われました。1892年には、参謀本部（陸軍）下の海軍機関を軍令部として独立させることを画策し、翌年には陸軍の反対を排して海軍を実質的に陸軍と対等にしました。1898年11月から1906年1月まで海軍大臣です。この間、02年の日英同盟実現にも尽力します。

1913年2月に首相に就任しますが、翌年3月のジーメンス事件（外国からの艦船購入をめぐる海軍の汚職）で総辞職です。予備役に編入されますが、以後も海軍の大御所・薩摩の長老として隠然たる力をもちました。２回目の組閣は23年９月です。関東大震災の復興を精力的に進め、男子普通選挙の実施も検討していましたが、12月の虎ノ門事件（難波大助による摂政だった皇太子暗殺未遂）で総辞職しました。山本自身は清廉潔白な人物でしたので、首相としては不運でした。82歳で死去。海軍葬。「海軍の父」と言われました。

寺島宗則（１８３２～93）について。出水郡脇本村の出身で、侍医の松木家の養子となり、松木弘安と名乗ります。蘭学を修め、集成館での洋書翻訳を経て、幕府開成所の教授手伝です。62年幕府使節に従い渡欧し、帰国後、藩の船奉行です。薩英戦争では添役の五代友厚とともに捕虜（拿捕された３隻の汽船に自発的に残留したため）になり、横浜で釈放されます。嫌疑が晴れて帰藩後、64年設立の開成所（１７４ページ参照）の教官、65年海外派遣使節の一員として渡欧します。

維新後、外交官となり、72年駐英公使、73～79年まで外務卿です。この間、関税自主権の条約改正でアメリカの承認を得ますが、イギリスやドイツの反対で結果的に失敗に終わりました。後に宮中顧問官、枢密顧問官等です。性格は沈着にして寡黙、博学で、経済学にも通じ、英独仏蘭語に堪能でした。

五代友厚（１８３５～85）について。父の秀尭は儒学者で、三国名勝図会の編者の１人です。54

年郡方書役となり、57年に長崎に留学します。62年には上海に行き、ドイツ船天祐丸を購入し、船長となります。その後は薩英戦争・派遣使節等、前述の寺島とほぼ同じです。派遣使節経費算出のために、米価が安い東北地方で米5万石を買い、藩船で運び、上海で売れば15万両余の利益となると上申しています。66年、御小納戸奉行となり、開運丸を使って鹿児島~長崎~大坂の海運事業に従事しました。

五代友厚銅像

維新後は、役人から大阪実業界に転じ、各地の鉱山経営や諸会社の設立を行い、大阪発展に貢献しました。78年、大阪商法会議所初代会頭です。〝東の渋沢、西の五代〟と称されました。臨終に際して、私事は全く語らず、国家の前途と商工業の将来だけを憂えたといわれています。

樺山資紀（1837~1922）について。城下西田町生まれ。63年に樺山家の養子となります。戊辰戦争で転戦し、その後、外城地頭大隊長です。74年台湾出兵では西郷従道に従い、76年に熊本鎮台参謀長。翌年の西南戦争では、司令官谷干城を補佐して熊本城を死守しました。後に陸軍から海軍に移り、90年海軍大臣。日清戦争では現役復帰し、海軍軍令部長です。その後、初代台湾総督・

内務大臣・文部大臣等を歴任です。台北市には樺山に由来する樺山町があり、戦後、北京語で同じ発音の「華山」に改称されました。

三島通庸（1835～88）について。城下上之園生まれ。寺田屋事件に参加し謹慎、戊辰戦争従軍後、都城地頭に抜擢され、手腕を発揮します。74年酒田県令、西南戦争時は庄内藩士族対策にあたりました。「土木県令」といわれるほど道路整備に努め、交通や流通の充実を図り、那須野ヶ原の開墾等は大きな実績です。半面、自由党弾圧や、87年の保安条例では、警視総監として約3000人を検挙、尾崎行雄ら570人を東京から追放しました。長男弥太郎は第8代日銀総裁、次男弥彦はマラソン金栗四三とともに初のオリンピック選手です。

樺山資紀屋敷址碑

有島武郎（1878～1923）について。東京小石川生まれ。父は川内出身で、後に大蔵省国債局長です。家は代々北郷家の重臣でした。札幌農学校を経て、1903年アメリカ留学し、その後、母校に勤務します。10年「白樺」創刊に参加。その後「宣言一つ」を発表し、財産放棄の1つとして北海道の有島農場を小作人に解放です。社会主義思想にも関心がありました。23年別荘で心中自殺。弟生馬は洋画家、母方を継いだ里見弴は小説家。芸術家３兄弟といわれました。

黒田清輝（１８６６～１９２４）について。84年、19歳でフランスに留学します。当初は法律を学びますが、後に洋画をラファエル・コランに学びます。「読書」（コランの勧めで、日本人の絵であることを示すため「源清輝寫」と署名）、「朝妝《しょう》」（裸体画　戦災焼失）等がサロン入選します。93年帰国し、96年、東京美術学校西洋画科の創始者・指導者です。森鴎外の後を受けて帝国美術院院長、貴族院議員ですが、ラファエル・コランの外光派を継承し、「湖畔」「昔語り」等の名作を残しました。

「湖畔」のモデルは当時23歳の照子夫人。「その石に腰かけてくれ」と言われ、翌日からの制作期間は約１カ月。当初「避暑」として発表され、１９００年のパリ万博にも出品されました。黒田の目指した日本的洋画の最も好ましい作品といわれます。「日本近代洋画の父」と称されます。

藤島武二（１８６７～１９４３）について。鹿児島市出身。当初、日本画を学びますが、洋画に転じました。旧制中学美術教師３年間の

黒田清輝誕生地碑

経験もあります。黒田清輝らの指導を受け、白馬会に創立参加し、1906年、フランス留学。37年、横山大観らとともに第1回文化勲章受章。

「天平の面影」は、当初「天平時代の婦人図」として発表されますが、文芸界のロマン主義的風潮の雑誌『明星』との関係もあり、黒田風の外光派からの離脱（黒田は豊かな色彩感覚を絶賛）を示す作品とされます。

「芳蕙」は、モデルに中国服を着させ「東洋的典型美」を作り出しています。

和田英作（1874～1959）について。垂水市出身。父は牧師で、3歳で東京に転居します。黒田清輝らの外光派の画風を学び、東京美術学校西洋画科の創始時に藤島とともに助教授に就任。その後、岡倉天心校長の配慮で編入学します。几帳面・努力家で、こつこつと黒田の手法を学びます。ヨーロッパ留学後、母校の教授となり、後に（32～36年）学校長です。43年文化勲章。51年文化功労者。

「渡頭の夕暮」は学校の卒業制作作品で、多摩川の矢口の渡しの一場面を描いたものです。翌年発表の田山花袋の小説「渡頭」は、この絵から着想を得た作品です。

以下、前述していない幕末～大正期の22人です。

○**伊東祐亨**《すけゆき》（1843〜1914）

清水町生まれ。21歳で薩英戦争に参加。海軍を志し、勝海舟の神戸海軍操練所で学ぶ。三田藩邸焼き討ちの時は、藩邸にいて、幕府と戦う。明治以後は、海軍の要職を務め、日清戦争では連合艦隊司令長官。日露戦争では大本営海軍幕僚長。海軍大将のち元帥《げんすい》。政治には関心を示さなかった。

○**大山　巌**（1842〜1916）

加治屋町生まれ。西郷隆盛の従弟。薩英戦争ではスイカ売り決死隊に加わる。洋式砲術を学ぶ。明治以後は、フランス留学をし、陸軍創設者の一人となる。日清戦争で第二軍司令官。日露戦争では満州軍総司令官。陸軍大臣、元帥、参謀総長、内大臣等を務める。政治的野心はなかった。国葬となる。

○**大山綱良**（1825〜1877）

通称格之助。寺田屋事件では鎮撫使の1人。戊辰戦争では軍事参謀。権大参事等を経て、初代県令となる（地元出身者がなるのは極めて異例で、鹿児島の特殊性を示す）。士族に有利な税制・禄制を施行し、政府に対し半独立的立場をとった。西南戦争では公金15万円を西郷軍に提供した。戦後、長崎で斬罪となる。

○**桂久武**（1830〜1877）

日置領主家に生まれ、桂家養子。造士館掛、大島警衛、家老。討幕挙兵を決意した西郷等の軍艦藩兵派遣要請に対し、門閥保守派の反対を抑え、派遣した。維新後は藩政改革に尽くした。

私学校には参加しなかったが、西郷との交際は深く、西南戦争では兵站部を指揮した。西郷らと城山で戦死。長男久嵩《ひさはる》も戦死。

○**上村彦之丞**（1849～1916）

平之町生まれ。戊辰戦争に参加。日露戦争では、中将として第二艦隊を率い、蔚山沖海戦でロシアのウラジオストク艦隊を破った。その際、海中の敵兵627人を救助し、日本武士道の精華として広く世界に伝えられた。その後は、横須賀鎮守府長官、第一艦隊長官。海軍大将。

○**川路利良**（1834～79）

皆与志生まれ。日本の警察制度の創設者。幕末の諸戦で軍功をたてる。明治以後は、警察関係を歩み、ヨーロッパに行き警察制度を調査した。警視庁が設置されると大警視となった。西南戦争では、政府軍の中心的存在となった。2度目の海外派遣中、病気となり帰国、死去。県警本部前に銅像がある。

○**川村純義**（1836～1904）

荒田町生まれ。幕府の長崎海軍伝習所で学ぶ。戊辰戦争には四番隊長として参加、特に会津若松城攻撃で軍功があった。西南戦争の際は、回避のため大山県令と会うが、西郷とは会えず、回避できなかった。

海軍大将。明治天皇の信任が厚く、昭和天皇や秩父宮の養育主任となった。

○**桐野利秋《としあき》**（1838～77）

吉野町生まれ。貧しい生活の中で、武芸に励んだ。幕末は中村半次郎と名乗るが、人斬り半次郎として恐れられた。

明治以後は、陸軍少将、陸軍裁判所長等を歴任。征韓論がおこると、西郷に従い帰国。西南戦争では、事実上の指揮官であった。城山の岩崎谷で戦死。

○ **小松帯刀**（1835～70）
喜入領主肝付氏の三男として城下に生まれた。聡明で、学問を好み、和漢の書籍に通じていた。吉利領主小松氏の養子となる。

久光の側近として、大久保利通など有為の人材を重く用いた。家老として、薩長同盟・薩土盟約にも中心的役割を果たした。

維新後も活躍したが、大阪で病没。

○ **西郷従道**《つぐみち》（1843～1902）
下加治屋町生まれ。西郷隆盛の弟。維新後は、軍制研究のためヨーロッパへ派遣。征韓論では兄と意見が合わず、西南戦争にも参加しなかった。最初陸軍だったが、海軍に移り、海軍大将、海軍大臣。首相就任要請も兄が一時賊臣だったため断ったといわれる（大山も同様）。面倒見がよく、薩摩閥のまとめ役。

○ **篠原国幹**（1836～77）
平之町生まれ。藩校造士館で学び、戊辰戦争では薩藩三番隊長。維新後は、陸軍少将へと昇進するが、西郷とともに下野。桐野利秋・村田新八とともに、私学校の中心となる。青年子弟の育成にも尽力した。西南戦争が始まると、薩軍一番大隊長として出陣するが、陣頭指揮の最中、敵弾にあたり戦死。

○**島津忠義**（1840～97）

島津家29代当主。久光の子として生まれ、斉彬の養子となる。当初、将軍家茂の一字をもらい、茂久と名乗る。斉彬の遺志を継ぎ、藩政改革と陸海の軍備充実に努めた。版籍奉還により鹿児島藩知事となり、廃藩置県により知事をやめ、後に貴族院議員となった。島津家の伝統を大事にした。国葬で葬られた。

○**高島鞆之助**《とものすけ》（1844～1916）

上之園町生まれ。鳥羽伏見の戦いや戊辰戦争で、軍功を立てた。西南戦争では、別働旅団を率いて八代に上陸、功を立てて陸軍少将となる。その後、大阪鎮台司令官、第四師団長等を歴任。政治面では、陸軍大臣、拓殖務大臣、枢密院顧問官を務めた。大阪の追手門学院の創設者。

○**天璋院篤姫**（1836～83）

一門家の今和泉島津家に生まれるが、斉彬の養女、近衛家の養女となり、将軍家定の御台所となった。家定の死後、天璋院と称した。戊辰戦争が起こると、徳川家存続のために努力した。維新後は、田安亀之助（徳川家達《いえさと》）の養育に心を砕いた。実家である島津家の保護は受けず、地味な生活を送った。

○**東郷平八郎**（1847～1934）

加治屋町生まれ。薩英戦争に16歳で初陣。維新後は、海軍に入り、イギリス留学。テームズ海軍訓練学校に入る。ハワイで政変があった時は、日本居留民の保護にあたった。日露戦争では、日本海海戦でバルチック艦隊を破った。元帥、東宮御学問所総裁。日比谷公園での国葬には100万人が参加した。

○ **長沢 鼎**《かなえ》（1852～1934）
高麗町生まれ。本名磯永彦輔。14歳で藩の海外派遣の留学生に選ばれた。その時の変名が長沢鼎であり、以後、長沢を名乗った。年少だったため、スコットランドの中学校で学ぶ。その後、アメリカに渡るが、維新後も帰国せず、カリフォルニアのブドウ園経営に尽力した。ぶどう王と呼ばれた。

○ **中原猶介**《なおすけ》（1832～68）
上之園町生まれ。長崎で蘭学を学んだ。斉彬に用いられ、反射炉築造や軍艦製造に携わった。江川太郎左衛門塾に学び、その塾頭にもなった。海軍の復興、砲台の改築等にも努めた。禁門の変では、大砲隊長として功を立てた。戊辰戦争では、越後長岡城攻撃に参加したが、右脚に弾丸を受け、病院で戦死。

○ **新納久脩**《にいろひさのぶ》（1832～89）
島津一門に生まれ、家老も務めた。薩英戦争では、軍役奉行として活躍した。監督として海外留学生を率いた。パリ万国博覧会参加の協議もした。帰国後は、開成所を所管し、外国掛にもなった。大島島司にもなり、人材育成や砂糖業の振興、流通の近代化に努力し、島民から「奄美の恩人」と慕われた。

○ **別府晋介**（1847〜77）
　吉野町生まれ。桐野利秋の従弟。戊辰戦争では、分隊長として奥羽に転戦。維新後は、陸軍少佐。征韓論が起こると、西郷の命令で朝鮮の情勢視察。西南戦争では、連合指揮として、先発で熊本城を囲んだ。城山の総攻撃の際には、足に銃弾を受け動けなくなった西郷の介錯をし、岩崎谷で自刃。

○ **前田正名《まさな》**（1850〜1921）
　渡英費用のため『薩摩辞書』を編纂。大久保等の計らいで渡仏、農学を学ぶ。『興業意見定本』を編纂、県知事・農商務省次官を経て、「前田行脚」で全国をまわり地方産業振興に努めた。大臣就任も断り、「布衣《ほい》の農相」と呼ばれた。

○ **町田久成**（1838〜97）
　石谷町出身。父は石谷の領主。江戸の昌平黌で学ぶ。海外留学生を率いたが、学頭として学生の教育にあたった。維新後は元老院議官となった。古美術保護に関心をもち、博物館設置を説き、東京帝国博物館（後の東京国立博物館）の初代館長に就任し、施設充実に努力した。

○ **村田新八**（1836〜77）
　薬師町生まれ。成人して加治屋町の村田家に婿入りする。西郷の2回目遠島の際、同罪で喜界島遠島。維新後は、岩倉具視らの欧米視察に同行し、大久保利通の後継者とも目された。帰国後は、西郷とともに下野。西南戦争では二番大隊長であり、岩崎谷で戦死。長男岩熊（19歳）も熊本植木の戦いで戦死。

29　西南戦争後～戦後の鹿児島

　ここでは、西南戦争後～戦後までを、主に交通整備面や、「九州一」「九州初」、逆に九州内でも特に遅れたこと等にもふれ、鹿児島の特徴を述べていきます。

西南戦争後、大久保の働きや最大の士族反乱がおこった土地ということから、県への政府交付金額と事業数は全国最大で、総額数百万円、約20件に達しました。1880年に勧業授産場が開設しましたが、実際は没落士族の救済事業で、積極的な近代的工業技術者の養成をめざすものではありませんでした。

　1880年、初めての県会（現在の県議会）が開催されますが、歳入予算は総額29万5200余円で、廃藩置県、地方税法の施行によって、藩政時代の約5分の1～6分の1程度の規模でした。全国でも下位で、独自の事業実施は困難であり、近代化に遅れる一因となりまし

【授産場】

た。

地租改正も81～85年までかかり、国立銀行（資本金の60％で政府紙幣を購入して発行できる有限責任の株式組織による民間銀行）設立もかなり遅れたため、金禄公債（家禄制度を廃止する代償として士族に支給）も起業資金として活用できませんでした。第百四十七銀行（資本金40万円、1株50円の８０００株、株主は士族２００人）の設立は、79年です。

【第百四十七銀行】

西南戦争後は不換紙幣の多さからインフレーションがおこり、80年頃からはいわゆる松方財政の金融・財政引き締め政策により、85年頃までデフレーションとなります。地租改正もあり、多くの農民が借金を背負い、担保の土地を取り上げられます。88年の土地売買件数は４万２０００件を超え、８６００町歩におよびました。

なお、薩摩藩では、門割制度の関係から、大地主＝豪農は発生しませんでした。73年の小作地率は、佐賀26％、山口24％、高知22％に対し、鹿児島は４％です。その後、前述の社会状況から、87年に30・２％で東北諸県並みです。福岡・佐賀は40％以上でしたが、逆に大島郡はわずか1・４％です。

小作地率ピークの1924年には、50町歩以上の大地主が33人存在しました。小作争議も全国的には大正期から発生しますが、鹿児島は昭和初期まで数件で、34～38年まで3桁です。

1889年の市町村制で、これまでの609町村から1市114村となり、鹿児島市が誕生します。面積は約14㎢（ほぼ稲荷川・甲突川と城山に囲まれた地域）、人口は5万7822人で九州一の都市でした。鹿児島市以外については、当初、県はおおむね昔からの「郷」を単位として「村」としたため、「町」はありませんでした。「鹿児島は天下の一大市として、五萬六千の人口を有てるに其外には縣下に一の町制地だもなし。市より直に飛んで村となるは、薩摩の外全國になかるべし」（「薩摩見聞記」）です。谷山村と頴娃村は、全国3大村の1つといわれました。1912（大正元）年になって、鹿屋町と加治木町誕生です。

1887年からは道路開削工事が始まり、5年で完成しました。「道路が悪く交通も不便で産業が振るわない」ため、渡辺千秋知事が県会に諮ったのです。県民の寄付や国庫補助金等を利用し、資金は五十数万円、道路延長は約400㎞余です。多くの労働奉

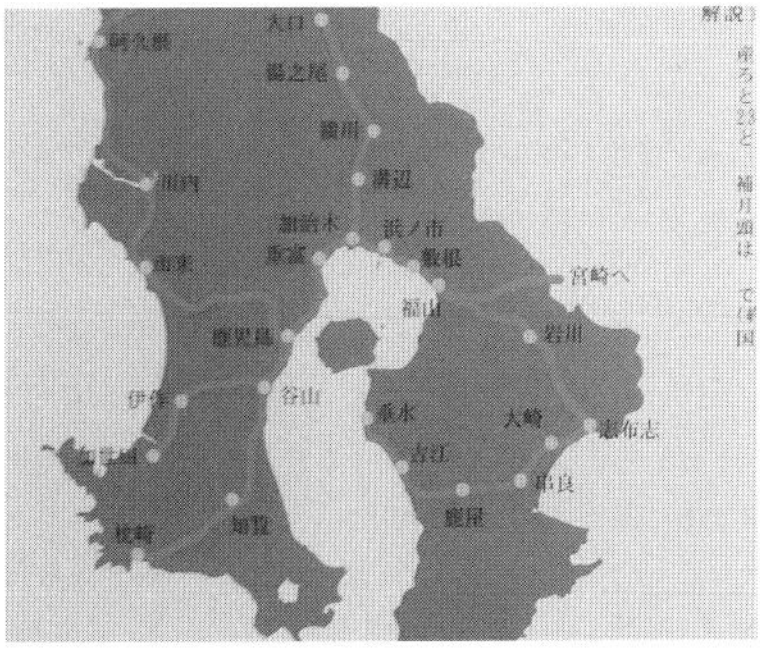

工事道路図

仕がありました。旧藩6筋沿いの6道で、現在の国道3号線（従来の水上坂・横井を河頭・小山田へ　約105㎞）、国道10号線（従来の白銀坂を海岸沿いへ　約66㎞）、北薩に1本（約60㎞）、大隅に1本（約94㎞）、南薩に2本（約55㎞と約33㎞）です。馬車利用を考慮し、道路幅は2間2尺（約4・5ｍ）～4間、勾配は1間に2寸5分、砂利を敷いて土砂流出を防ぎました。乗合馬車と荷馬車での大量輸送が可能になりました。

但し、鹿児島はこれといった産業もなく、県民の暮らしは、86年の調査では、米飯の割合が薩摩30・3％、大隅28・0％、日向39・7％で、3食のうち1回だけ米飯、2食は雑穀及び甘藷が明治中頃まで続きました。

1895年度予算では、勧業費は6930円で支出予算中2・8％にすぎず、近代的な殖産興業費はないに等しいです。県民総生産額÷国民総生産額は、明治末に1・51％でピーク、1938年には0・87％まで低下し、一人あたりの県民所得も、1910年国の58・5％↓28年34・6％↓38年33・1％です。

農業改善の重要事項として、全国各地との種実を交換し、品種改良を行いました。1883年の第1回農談会で県勧業課長は、「知識の交換」が「変更改良の初歩」と述べています。農事改良は、86年に始まり、普及体制に入ったのは加納知事就任後の95年の農会設立後です。農会は村・郡市・

県に設置、系統的に組織し、農事奨励に努めました。

加納久宜《ひさよし》知事（1848〜1919）について。旧上総国一宮藩主で子爵。知事期間は1894年1月〜1900年9月までの6年8カ月でした。人事の公平化を図り、県内巡視では離島にも行きました。特に農業振興には熱心で、全国にさきがけて耕地整理の実施（湿田の乾田化）、県産米の改良で7割5分の増収、石炭肥料の禁止、鹿児島簡易農学校設立、正条植普及等、関わっていない事業はない、といわれるほどです。

他に産馬の改良、養豚・養鶏事業、学校や加納文庫（県立図書館の前身）設立、鹿児島港の大改修計画の確定等があり、今日の県経済・教育の基盤造成を行い、殖産興業知事と呼ばれました。県下の殖産状況を、奨励が不十分では低迷すると考え、上からの指導による干渉主義（他動的進歩）をとりました。

「一にも公益、二にも公益、三にも公益」が口癖で、1日の病欠もなく、早出晩退の勤務でした。私財を投じて県政に尽くし、2万円の巨債を負い、心配した親

【加納知事】

族・旧家臣らの懇請により鹿児島を去りました。「鹿児島県のことは冥土に電報せい」と遺言したといわれます。１９４２年、県議事堂（現県民交流センター）前に頌徳碑が建立されました。

加納知事時代に確定した鹿児島港の大改修工事について。１９０１～05年のⅠ期工事です。費用は85万円。港内水域を広げ、最大水深区域は5・4ｍで１５００トン級の船も出入り可能。防波堤や物揚場も造りました。07年には重要港湾指定されました。06年には、鹿児島港と鹿児島駅を結ぶ引き込み線ができ、大正年間、石造の倉庫群が建築されました。

下図は、１９０９年の航路図です。大

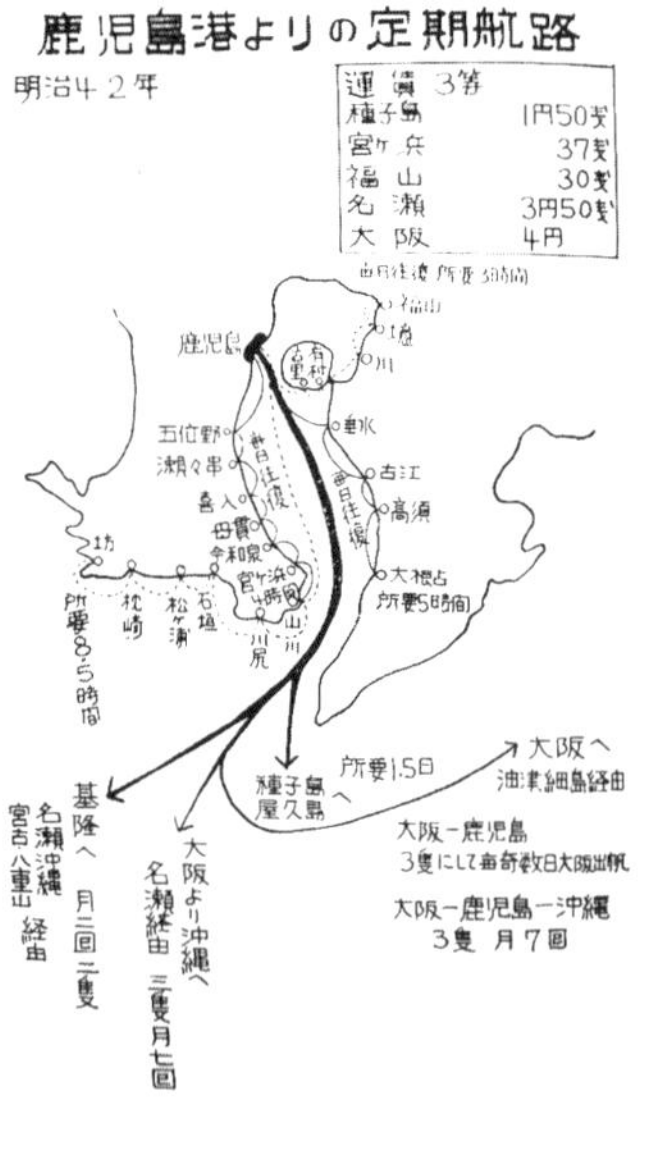

【1909（明治42）年の航路図】

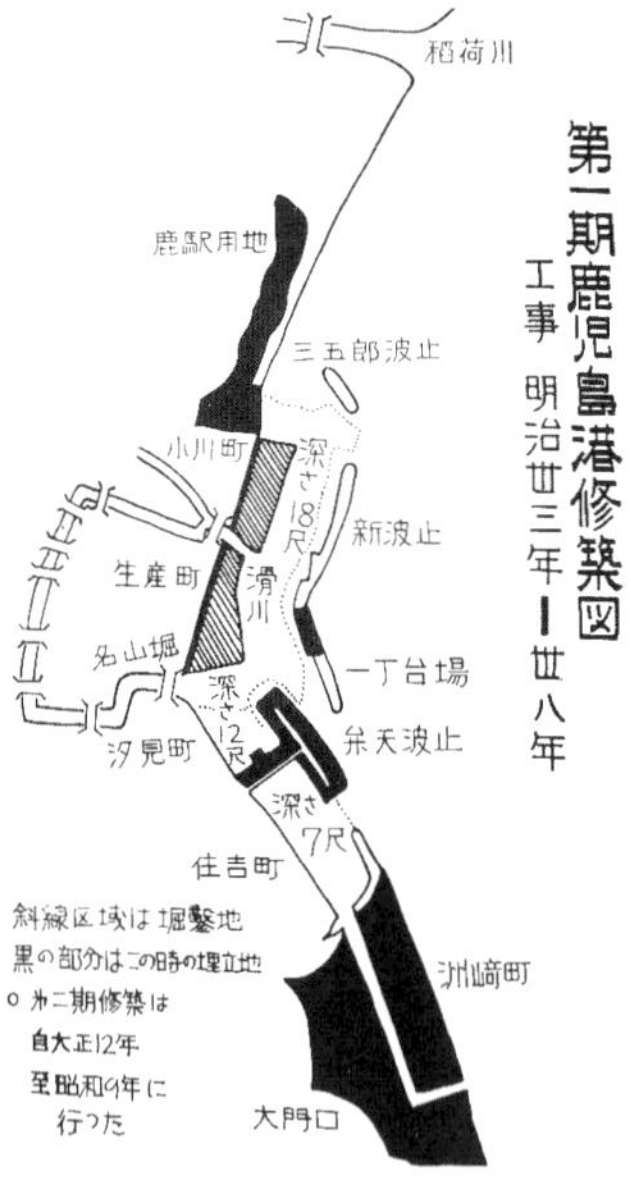

【鹿児島港Ⅰ期工事図】

阪方面や沖縄、さらに台湾（基隆《キールン》）への航路もあります。湾内周辺の航路も、陸上交通機関がまだ十分ではない、この頃ならではです。12（大正元）年の年間出入港汽船は、６９２９隻に達しており、明治中期の4倍半です。１０００トン前後の汽船が横付けしていました。

１８９７年、八代―鹿児島間の鉄道敷設工事を起工しています。①西薩海岸線（後の鹿児島本線）、②中央線（大口経由）、③山間部の東部線（後の肥薩線）の案がありましたが、計画時が日清戦争前であったため、国防の関係から③になります。決定者は、川上操六（鹿児島出身　陸軍軍制をフランス式からドイツ式へ変更）です。01年には鹿児島―国分（今の隼人）間開通です。ループ式の難工事や日露戦争による工事の一時中断もあり、完成は09年です。軍事鉄道と呼ばれました。明治末になって門司―鹿児島間の九州幹線が完成し、東京―鹿児島間が全線開通です。

その後、①ルートも１９１０年に建設が決まり、13年に鹿児島―東市来間が開通します。武駅として開設されたのが現在の鹿児島中央駅です。翌年、川内までの49㎞が開通、27年に米ノ津―八代まで開通して、川内線が鹿児島本線となります。①は③よりも約14㎞長いですが、時間は1時間以上短縮され、輸送力にも優れていました。武駅が西鹿児島駅と改称されます。

１９３０年、指宿線の西鹿児島～五位野間が開通、35年には指宿まで、36年には山川まで開通します。32年には日豊本線全通です。

鉄道の旅客数は、１９１０年頃は30万人弱でしたが、23年に１００万人を、39年には２００万人を超えました。

　１８９８年、水力発電により、市内送電が始まりました。民間で実用化したのは九州初で、全国でも４、５番目でした。大正中頃には電灯も増え、火災も少なくなりました。ガス供給は１９１０年からです。05年、３大紡績所といわれた鹿児島紡績所が閉鎖します。06年に電話利用が始まりました。九州で10番目でしたが、「電話は病気を運ぶ」という風評もありました。

　１９１２年、民間による電車営業が開始（武之橋～谷山）されます。全国で28番目でしたが、16年には利用者拡大のため（鴨池）動物園ができました。この動物園は、

【明治末の鹿児島駅】

【鉄道完工式】

【初期の電車】

小山田発電所

東京の上野、京都の円山、大阪の天王寺に次いで全国で4番目でした。30年には九州初のゾウ展示です。28年に市営に移り、谷山線を軌道にしています。26年、入場定員1300人で九州最大の劇場・鹿児島座が天文館に開場（32年、焼失）です。

　1919年、鹿児島港が開港（直接外国貿易のできる港）します。全国で38番目、九州でも13番目です。25年間運動して、ようやくの認可でした。重要な輸出入品がなかったためですが、翌年には輸入実績が約5・5倍です。

　開港以後、出入船舶は増大し、また大型化してきたため、従来の港湾施設能力では限界に達しており、23～34年までの11年間、鹿児島港のⅡ期改修工事です。港内水域は18万㎡から31万㎡へ、北防波堤（260m）と南防波堤（450m）を新設し、最大水深区域は7・5mです。3000トン級も横付け可能となりました。

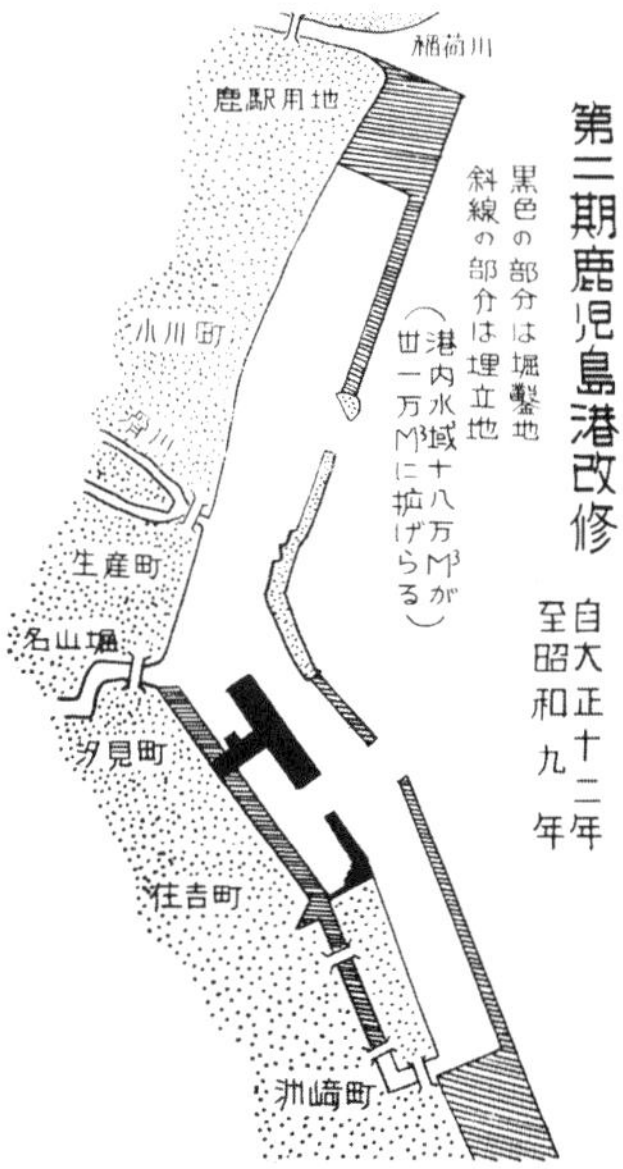

【鹿児島港Ⅱ期工事】

【1925（大正14）年の鹿児島港】

1933年には、北朝鮮―鹿児島―台湾間に河南丸が就航し、34年には鹿児島、長崎経由大連間の定期航路（毎月3回就航）も開始されました。

39年には、鹿児島港で初めて輸出が輸入を上回ります。欧米諸国との関係悪化で、木材輸入が途絶え、満州国等への輸出が大幅に増えたためです。旅客数も36年の約2・7倍です。

1929年、不況が続く中で、八幡市に次いで公益質舗開設、35年にNHK開局（九州で5番目）、36年には中央卸売市場が落成（日本で7番目、九州初）します。38年には鹿児島飛行場の起工式です。軍の関係から日本上空を外国の飛行機は飛べなかったため、市営の国際飛行場（鹿児島が外国飛行機の離着陸地となり、日本内地へは鹿児島で日本の飛行機に乗り換える）の予定でしたが、海軍の軍用飛行場（鴨池）として完成です。

なお、陸海軍の初飛行場は36年の鹿屋飛行場です。その後、出水、知覧、串良、溝辺、万世と完成し、青戸は未完で、離島では種子島と喜界島にありました。

戦争末期の鹿児島市空襲は、3～8月までに8回で、死者3329人、負傷者4633人、行方不明35人、戦災面積は市街地の93％にあ

【鹿児島市の空襲跡】

たる1079万㎡で、東京・大阪・名古屋・横浜・神戸・川崎に次ぐ規模でした。県内に巨大な軍需工場はありませんでしたが、各地に飛行場があり、本土決戦に備えて軍隊が野営していたので、全県下にわたって空襲被害を受けました。

戦後の1946年9月には、鹿児島市の戦後復興都市計画が決定しました。当初454万坪の予定でしたが、50年292万坪に変更しました。結果的には、名古屋（約1045万坪）、東京（約677万坪）に次ぐ全国第3位の広さ（約313万坪）で、現在の鹿児島市街地につながります。鹿児島港は、引揚者揚陸地（九州では佐世保と2港）に指定され、引揚者数は33万412人、台湾や南西諸島等への送還者は5万4773人でした。

【鹿児島市復興計画図】

30　明治～復帰の奄美・トカラ

1873年、県庁の他に6支庁が置かれますが、第五支庁の管轄に「十島《じっとう》」が初めて出てきます。今の三島（硫黄島・竹島・黒島）村と十島《としま》村（7島）ですが、両者は距離的にも100㎞ほど離れており、江戸時代まで直接的なつながりはありません。明治になって1地域とされます。十島は、行政的には昔ながらの川辺郡です。その後、奄美に近いことから85年に奄美大島の金久支庁管轄、97年大島郡へ編入、1908年大島郡十島村《じっとうそん》となります。

戦前の奄美・トカラで特筆すべきは、1878～1940年まで、「大島郡独立経済」（分断財政）を敷いたことです。これは大島郡の財政を県財政と分離し、大島郡独自に行うというものです。県本土と大島郡とは風土や生業《なりわい》等が違うこと、本土の本格的道路整備事業（225ページ参照）の費用を、恩恵を受けない大島郡民に負担させるのは忍びない等の考えからでした。県当局は反対でしたが、国全体の補助も必要等の考えもあり、実施されました。

その結果、当初の島庁予算は本庁予算の約10％でしたが、3年後にはわずか3・4％となり、1人あたりの支出額も本庁の30銭に比べ、島庁は7銭でした。土木費、勧業費等は極力抑えられ、社会資本及び産業資本の形成に著しく遅れがみられました。明治末以降、議論はなされても予算等はなく、特に大正末からは「蘇鉄地獄」と称されるほどの疲弊ぶりで、1927年に来島した県知事は「奄美の経済は下痢患者のようだ」と述べたほどでした。同年には、南方軍事施設視察が目的の「大島行幸」がありました。この行幸を契機に、大島郡に目が向けられ、29年から「大島郡産業助成計画」、35年から「大島郡振興計画」が実施されました。

この間、特に厳しい状況にあったのが、十島村です。十島村には「大島行幸」自体が知らされておらず、情報不足が国防面からも問題となりました。下賜金5000円もあり、30年に十島村の各島に公立小学

【十島丸】

「汽船もまた道路なり」記念碑

校が設立され、33年には村民の長年の悲願だった村営船十島丸《としま》（155トン）が就航し、月間4往復しました。国には船舶補助予算がなかったため、道路整備予算を転用したことから、「汽船もまた道路なり」の言葉も生まれました。

トカラでは、農業は焼畑農業が中心でした。そのため土地の公平分配よりも収穫高による分配が合理的であり、地租改正による農地所有者の決定も中途半端になりました（戦後の農地改革で決定）。

戦時中は、農業・漁業等で自給自足に近かったため、「こんなに作物の出来る土地に生けるは幸福か不幸か、総力を上げて困苦欠乏に耐えんとする時、物がありすぎて実感なし。」（1945年元日の中之島小校長の日記）という具合でしたが、制空権を米軍に握られると、十島丸は来ない、漁業もできないということで、一挙に食糧難となりました。45年には、奄美群島の中心「名瀬」の大空襲があり、市街地の90％を焼失しました。

戦後、1946年2月2日、いわゆる二・二宣言によって、奄美とトカラは、アメリカ世ともいわれる米軍統治下に入ります。北緯30度以南です。

十島村《じっとうそん》は、南部のトカラ列島（7島）は統治下ですが、北部の3島は入らず分断されます。3島は鹿

【名瀬空襲】

児島県の行政下で、鹿児島市に役場を置きます。三島村と自称しますが、正式な行政上の承認ではなく、２つの「じっとうそん」が存在しました。

１９４６年４月には、日本との航海が全面的に禁止されました。食糧入手は自給の他、米軍に頼るのみとなりましたが、食糧や日用品は常に不足している状態でした。そこで生きるための「密航」が行われました。ちょうど北緯30度に位置していた口之島が密航の中継基地となりました。本土の日用品は奄美で貴重品となり、奄美の砂糖は本土では10倍以上に売れたため、うまくいけば一夜にして成金となり、警察につかまれば刑務所行きでした。口之島は入江に船がひしめき、10戸足らずの海岸には２００棟近いバラックが建ち、人口２０００人以上が「市」をなすほどでした。

なお、同年６月には、婦人参政権が与えられ、集会・言論・出版・宗教・労働組織の自由が認められました。

復帰運動が本格化するのは１９５１年からです。以前にも運動はあり、例えば47年には市町村長会が復帰嘆願を決議しますが、返答は「大島・沖縄・先島を１グループとしているのに大島だけというのは、

口之島北緯30度ライン

迷惑・無意味」でした。その他も時期尚早や組織的でない等で、運動にまで広がりませんでした。

49年には軍政府から「食糧3倍値上げ」の指示があり、翌年1月に実施されますが、日常生活に直接関係することであり、復帰運動を加速させるきっかけともなります。アメリカ政府は沖縄の大規模な軍事基地建設計画を発表しますが、「3倍値上げ」にはその資金を確保する目的もありました。

50年9月頃から、対日講和条約への動きが活発になりますが、アメリカは占領地域を信託統治下に置くことを明言しており、それに反対して、日本独立とともに復帰したいという運動が広がります。51年には復帰誓願署名運動が全郡で展開され、14歳以上の住民の99・8％の署名を完了しました。署名録は日本の国会にも送られ、衆参両院本会議で「復帰決議案」が可決されました。しかし、7月には「北緯29度以南、信託統治」（十島村だけを返還）が発表されました。その後、

【断食】

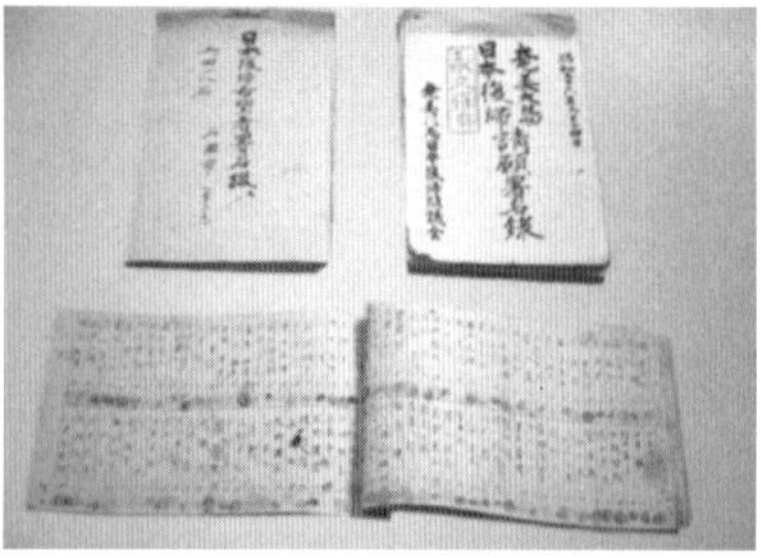

【復帰署名録】

奄美では郡民大会が開かれたり抗議の「断食」が行われたりしました。
52年には東京で日本復帰国民大会、53年8月にはダレス国務長官の復帰声明（返還時期は明言せず）があり、9月県は大島復興対策本部発足、10月国会は奄美大島復興費10億円可決等を経て、同年12月25日奄美群島は日本に復帰しました。

十島村《じっとうそん》の復帰は、52年2月4日です。2月10日に占領下にあったトカラ列島を大島郡十島村《としまむら》とし、同日、以前から鹿児島県行政下にあった3島を大島郡三島村《みしまむら》とし、「分村」（3島住民もほとんどが分村賛成）しました。73年には、両村は大島郡から鹿児島郡へ編入されました。但し、厳密に言えば、宝島の南にある横当島と上ノ根島（ともに無人島）は北緯29度以南にあり、十島村は2度分断されたことになります。

復帰には当時の国際情勢も関係します。米ソ冷戦下だったことです。奄美群島返還には、ソ連へ北方領土の返還を促すアメリカの意図があったとされ、また、前述したように、49年にアメリカ軍は沖縄に恒久基地建設計画を明示しており、沖縄の復帰にはより高いハードルがありました。

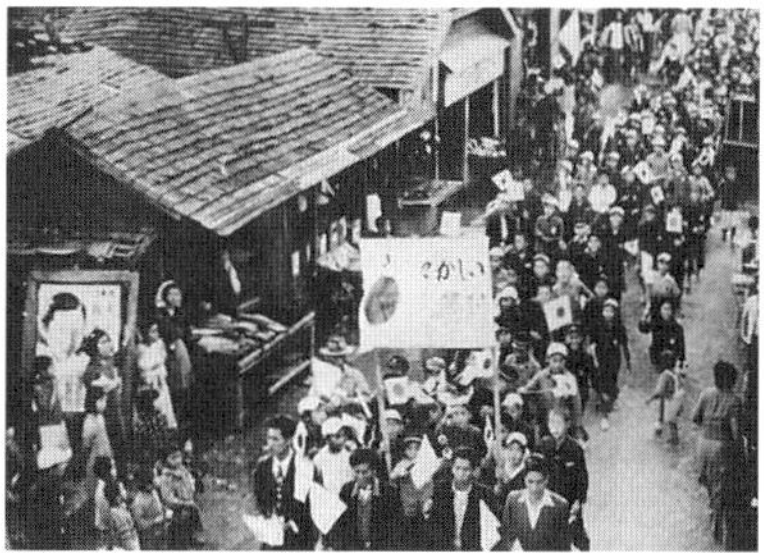

【復帰祝賀パレード】

31　桜島と焼酎・さつまいも

最後に、鹿児島のシンボル桜島と焼酎・さつまいもについて。

桜島は、約1万3000年前、姶良カルデラの南縁部に中央火口部ができたものです。桜島の地名由来は不明ですが、おおよそ8~13世紀後半頃まで「鹿児島」、13世紀後半~17世紀頃まで「向島」です。1698年に「向嶋ヲ桜嶋ト唱可申」の文書があり、1702年の元禄大隅國絵図では「桜嶋」です。噴火の記録として、続日本紀等に710年、718年、764年とありますが、大規模噴火は文明・安永（199ページ参照）・大正・昭和の4回です。15世紀の文明溶岩は南西部と東部にあります。1946年の噴火では、推定2億トンの溶岩が流出しました。

城山からの桜島

最も大規模な大正噴火について。1914年1月12日に大爆発があり、煙は高さ1万mにおよび、噴出物（推定33億トン）は東北地方にまで達しました。流出した溶岩は14日には山麓へ、30日には桜島と大隅半島は陸続き（水深50～70m、幅400～500mの瀬戸海峡を埋めた）になりました。真冬でありながら溶岩近くの海水温度は35～50℃にもなり、地震のために停電、鉄道不通、通信も途絶え、一時は「鹿児島全市に生物なし」の誤報も流れました。死者・行方不明38人、全倒・消失家屋2183戸、6集落が埋没しました。四五連隊や警察の活躍もあり、治安状態はよかったそうです。

その後、桜島では人口の4分の1にあたる約5600人が県内各地へ島外移住しました。県は移住地として種子島や大隅半島等10カ所余を指定し、県全体としては約1000戸、6245人（桜島に近い垂水付近の移住者もいた）が移住しました。移住費用として約62万6000円、復興費として190万円かかりました。

なお、噴火には多くの前兆がありました。前年の12月下旬から、南岳山頂から水蒸気が盛んに上がっていた、井戸枯れや井戸水の増加、

【桜島大噴火】

埋まった鳥居

海水温度の上昇等。前日にも蛇や蛙が出る、鶏が昼に鳴く等です。黒神地区では約800人が事前に対岸に避難しましたが、鹿児島測候所（238回の地震を記録）は、震源を市内の吉野地区付近と公表したため、避難が遅れた人もおり、その後、恨まれることになります。

帰省中だった黒田清輝は、溶岩流のすさまじさを7枚のスケッチ（後に0号〈18㎝×14㎝〉板に油彩の「櫻島噴火連作6点」）に残しています。

桜島の噴火に伴う降灰は、現在も日常的なものですが、公式記録では1985年が最高で、1カ月では1㎡当たり5902g（8月7月29日から8日連続の降灰、8月12日、吉野地区では全観測地点中最高の1日に6697g）、年間でも1万5908gです。鹿児島ならではの「桜島上空の風向予報」もこの年から始まっています。日間最高は、88年6月16日の2671gです。

焼酎について。焼酎製造の起源は不明ですが、初見は1559年に墨書された大工（作次郎と助太郎）の棟木札への落書（「その時座主

【降灰の様子】

【櫻島噴火連作】

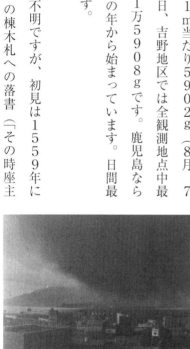

ハ大キナこすてをちやりて〈とてもけちで〉一度も焼酎ヲ不被下《くだされず》候、何ともめいわくな事哉」伊佐市の郡山八幡神社）です。この焼酎は米焼酎です。さつまいもは、17世紀に中国から琉球を経て薩摩へ伝わり、18世紀初頭に前田利右衛門が藩全土へ広げています。したがって、芋焼酎の出現は江戸中期以降です。

斉彬と芋焼酎について。雷管銃の研究・製造にあたって、エチルアルコールが必要でしたが、その原料が米焼酎でした。斉彬は米の大量消費は庶民生活に影響するため、芋焼酎の研究と利用を命令します。うまくいけば、工業用だけでなく、特産品になれば新田開発の米増産と同価値があると考えていたといわれています。

明治以後の焼酎について。明治初期は、製造は自由で無税、届を出せば1石（180リットル）までは自宅製造可でした。1898年に酒税法が改正されます。増税するために免許制となり、自宅での製造は禁止です。1910年までは、村々に数カ所程度の共同製造時代でした。日露戦争後、営業的工場ができて、販売競争が激しくなります。不良製造場もあり、4000余から1250ぐらいに減少します。

11、12年が次の整理時代で、19年頃までに工場数は3分の1の485となりますが、製造法改善や工場の規模拡大・設備改善がなされます。好景気による黄金時代で、初の新式焼酎（無色無臭、県外販売が目的）工場もできました。

その後、不景気となり、工場ごとに製造制限をし、工場数も減少します。新式焼酎工場もできますが、戦後、新式焼酎の生産が旧式焼酎を上回ります。

前述した「鹿児島ぶり」や「薩摩見聞記」にも以下の記述があります。

○ 唐芋で焼酎を作る。百姓などは、多く飲む。下品である。唐芋の香りがぬけず、芋臭さがある。多く飲む者は、必ず足が腫れる病気になるという。

○ 唐芋は平常、貧民の生活を保つだけでなく、凶年には一般人民の命も救っている。薩摩は本場だけに芋の味が極めて「美しく」、また種類も多い。俗に十一里と言うのはその味が栗（＝九里）を超えることを意味しており、八里半は栗に次ぐ意味である。

おわりに

現職（小学校長）時、ありがたいことに『奄美の歴史入門』『谷山の歴史入門』『鹿児島市の歴史入門』（ともに南方新社）の3冊を出版させていただいた。

退職後、本書のようなものを少し考えたこともあったが、参考資料として各市町村編纂の郷土誌等を含めれば、その分量はあまりにも膨大であり、また、「薄墨」論を超える視点もみつからず、荷が重すぎたため、あっけなくすぐに放り投げていた。但し、退職後の2年間は、『十島村誌　追録版』の編集委員をさせていただき、これまで縁のなかったトカラを詳しく調べることができたのはありがたいことであった。

ここで、現職時の出版についてふれておく。

校長1校目は、錦江町立大原小学校。赴任してすぐに校区内をまわったが、歴史的には「鹿児島開拓の縮図」といわれ、地理的には山間部ながら茶畑が棚田のように広がっていた。入学式前には、漠然と学校や地域の歴史を「郷土教育の参考資料」としてまとめられたらいいな、ぐらいに思っていた。「大原物語」（本文Ａ４サイズ30ページ　写真と全体構成は、中原昌一教頭担当）としてまとめた。学校が創立１２０周年であり、記念事業の１つとしてＰＴＡ経費で、４００部製本させていただき、地域の全戸に配布した。

その後、ありがたいことに前田代町長の前之園良輝氏から「今度は田代物語を」と言われ、「田代物語」（本文Ａ４サイズ32ページ）としてまとめ、喜んでいただいた。

２校目は、奄美市立奄美小学校。当初、何かまとめる気持ちがあったわけではないが、校長室には戦前や米軍統治下の貴重な資料が残されており、まずは学校の歴史から、と始めた。「あまみこ物語」（本文Ａ４サイズ61ページ　学校のホームページ掲載）としたが、保護者からの要望もあり、学校予算で１２０部ほど製本した。地元新聞社に紹介されたこともあり、印刷実費で販売もした。在庫もなくなり、新たに追加したい参考文献等も多かったため、改訂し『奄美の歴史入門』として出版した。

資料提供・文献紹介や出版に至る経緯については、特に故弓削政己氏と故中山清美氏にお世話になった。お二人がともに60代で亡くなられたことは、奄美の歴史・考古研究にとって大きな痛手であり、紙面上ではあるが改めて御冥福を祈りたい。

3校目は、枕崎市立枕崎小学校。これまでの経験もあり、当初から何かまとめたいと思っていた。「枕崎物語」（当初は学校ホームページ掲載）であるが、創立140周年の記念事業として、1000部製本（本文A5サイズ147ページ）し、保護者や希望者に配布させてもらった。偶然にも鰹節が文献にあらわれて500年目（60ページ参照）であった。現在は各地で教職員歓迎会が行われ、特産品が出されるが、食糧難の1946（昭和21）年、枕崎小の「びんた料理」が最初である。ごちそうするものもなく、鰹のびんた（当時は商品価値がなかった）で「心ばかりのもてなし」をしたのである。

4校目は、鹿児島市立西谷山小学校。校長としてこれまでの学校同様ありがたい学校ではあったが、学校の歴史としては谷山小から分離して40年も経っておらず、谷山地域と谷山の学校すべてを調べ、『谷山の歴史入門』として出版した。谷山の歴史とともに、戦後の新制中学校設立の苦労を把握できた。

さらに、最後の赴任校であり、西谷山小は「鹿児島市立」でもあるため、鹿児島市全体をということで、鹿児島市の歴史や学校教育の変遷について、『鹿児島市の歴史入門』としてまとめた。ありがたいことに、PTAや職員の配慮で、学校図書室に両書とも調べ学習用として置いてくれている。

テーマ別の記述について。次男が勤務する会社（福岡の㈱データ・マックス）の児玉直・悦子社長夫妻から､鹿児島の歴史を｢県外の人にもわかるように｣ネット掲載したい､と求められたのがきっかけである。島津氏を中心として10回（A4・1枚程度）掲載した。その後も続き､全体で41回となったが、本書の記述構成の基となっている。通史ではあるが、個人的にはテーマ別がまとめやすかった。出版に御理解いただいたことにも感謝したい。

また、これまで南方新社には多方面にわたり、お世話になった。向原祥隆社長をはじめ、担当の梅北優香さんや職員の皆様にも感謝したい。

主な引用・参考文献（50音順）

『赤木名城』（奄美市教育委員会　２００８年）
『奄美の歴史とシマの民俗』（先田光演著　まろうど社　１９９９年）
『江戸期の奄美諸島「琉球」から「薩摩」へ』（知名町教育委員会編　南方新社　２０１１年）
『改訂　名瀬市誌』（1～3巻）（名瀬市　平成8年）
『街道の日本史55　鹿児島の湊と薩南諸島』（松下志朗・下野敏見編　吉川弘文館　２００２年）
『街道の日本史54　薩摩と出水街道』（三木靖・向山勝貞編　吉川弘文館　２００３年）
『海洋国家　薩摩』（徳永和喜著　南方新社　２０１１年）
『鹿児島縣史』（鹿児島県　昭和14年）
『鹿児島県の歴史』（原口虎雄著　山川出版社　昭和48年）
『鹿児島市史　Ⅰ～Ⅲ』（鹿児島市史編さん委員会　昭和44～46年）
『鹿児島市の文化財（六訂版）』（鹿児島市教育委員会　２０２０年）
『鹿児島大百科事典』（南日本新聞社　昭和56年）
『鹿児島のおいたち』（鹿児島市　昭和30年発行　昭和59年再版）
『鹿児島の近現代』（原口泉・宮下満郎・向山勝貞著　山川出版社　２０１５年）

『鹿児島の歴史』（鹿児島県社会科教育研究会高等学校歴史部会編　昭和33年　昭和55年復刻版）
『かごしま文庫28　霧島神宮』（窪田仲市郎著　春苑堂出版　平成7年）
『かごしま文庫4　坊津』（森高木著　春苑堂出版　平成4年）
『かごしま文庫43　薩摩の絵師たち』（永田雄次郎・山西健夫著　春苑堂出版　平成10年）
『旧薩藩御城下絵図』（鹿児島県立図書館　平成10年）
『境界をまたぐ人びと』（村井章介著　山川出版社　２００６年）
『郷中教育と薩摩士風の研究』（安藤保著　南方新社　２０１３年）
『近世・奄美流人の研究』（箕輪優著　南方新社　２０１８年）
『黒田清輝・藤島武二　20世紀日本の美術⑪』（集英社　１９８７年）
『県史46　鹿児島県の歴史』（原口泉他著　山川出版社　２０１１年第2版）
『国史大辞典』（国史大辞典編集委員会　吉川弘文館　昭和54〜平成9年）
『郷中教育の歴史―その現代的意義を求めて―』（郷中教育研究会編　昭和59年）
『薩摩藩対外交渉史の研究』（徳永和喜著　九州大学出版会　２００５年）
『三国名勝図会』（青潮社版　昭和57年）
『市制百周年記念　鹿児島市１００年の記録』（鹿児島市企画部　平成元年）
『詳説　日本史Ｂ』（山川出版社　２０１４年）

『谷山市誌』（谷山市誌編纂委員会　昭和42年）
『種子島の歴史考』（大石虎之助著　ぶどうの木出版　平成15年）
『十島村誌』（十島村誌編集委員会　平成7年）
『十島村誌　追録版』（十島村誌追録版編集委員会　平成31年）
『日琉交易の黎明』（谷川健一編　森話社　２００８年）
『日本庶民生活史料集成　第九巻　民俗』（三一書房　１９６９年）
『日本庶民生活史料集成　第十二巻　世相（２）』（三一書房　１９７１年）（九巻に「鹿児島ぶり」、十二巻に「薩摩見聞記」所収）
「藩政の成立」（秀村選三・桑波田興著　『岩波講座　日本歴史10　近世2』所収　岩波書店　１９７５年）
『枕崎市誌』（枕崎市誌編さん委員会　平成2年）
『南日本風土記』（川越政則著　昭和57年増補改訂版）
『明治維新１５０周年記念事業　明治維新と郷土の人々』（鹿児島県知事公室政策調整課　平成28年）
『明治維新史跡マップ』（鹿児島市教育委員会　平成26年）
『大和村誌』（大和村　２０１０年）
『琉球と日本・中国』（紙屋敦之著　山川出版社　２００３年）
「列島南方史からみた日本とアジア」（永山修一著　『古代日本と興亡の東アジア』所収　竹林社　２０１８

年）

他に『鹿児島県史料』や「あとがき」に述べた拙著、必要に応じて、各市町村誌や研修会・講演等のレジュメも参考にしています。また以前の拙著で主なものも、右記しています。

■著者プロフィール

麓　純雄（ふもと・すみお）

1957年生。鹿児島大学教育学部卒。兵庫教育大学大学院修士課程社会系コース修了。元小学校長。『奄美の歴史入門』『谷山の歴史入門』『鹿児島市の歴史入門』（以上、南方新社）、『都道府県別日本の地理データマップ 第3版 九州・沖縄地方（7）』（監修、小峰書店）、『十島村誌　追録版』（共著）、「『文化』を理解させる伝統産業学習」（『社会科授業研究　第4集』明治図書）、「明治維新と我が国の近代化」（『小学校歴史学習の理論と実践』（東京書籍）、「子供のよさを生かす社会科学習指導」（『社会系教育の理論と実践』清水書院）等。

鹿児島県の歴史入門

二〇二〇年十月二十日　第一刷発行

著　者　麓　純雄
発行者　向原祥隆
発行所　株式会社　南方新社
〒八九二―〇八七三　鹿児島市下田町二九二―一
電話　〇九九―二四八―五四五五
振替口座　〇二〇七〇―三―二七九二九
URL　http://www.nanpou.com/
e-mail info@nanpou.com

印刷・製本　株式会社　イースト朝日
定価はカバーに表示しています　落丁・乱丁はお取り替えします
ISBN978-4-86124-437-7 C0021